JN058509

4つのステップで社長の悩み解消！

資金繰り
なるほどQ&A

増山英和 ［著］

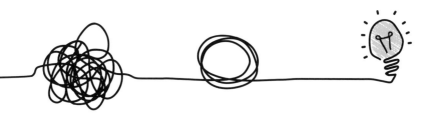

中央経済社

"資金繰り" は企業の存続のキーポイント！

●最重要課題として認識し，改善に取り組もう！

　私は現在に至るまで30年余り，関与先企業を「経営者の親身な相談相手」として支援してきました。その間，バブル崩壊，リーマンショック，東日本大震災，という数々の大きな外部環境の変化の中，多くの中小企業はたくましく生き残り・勝ち残ってきました。しかし時代の変化という荒波にもまれ，残念ながら沈んでいった企業もありました。業績が悪化し資金繰りに窮している飲食店に心配して訪問すると，すでに店の中はもぬけの殻，夜逃げでした。大切な関与先を支えられず，悲しい思いをしたことを忘れることができません。

　倒産原因には販売不振などがありますが，最終的には資金繰りの破綻です。「カネ」が続けば何とかなります。**倒産しないためには，日ごろから資金繰りを徹底的にチェックし，早めに対策を打つことが必要です。**

　不幸になりたくて事業を始めた人など誰もいません。みんな明るい未来に大きな夢と希望をもって創業，事業承継しているのです。人の命には限りがありますが，企業はゴーイングコンサーン，永続的に事業を継続していくことを前提としています。多くの社員とその家族の命を預かっている企業は社会の公器です。決して倒産してはなりません。

　そして今，かつて誰も経験したことがないコロナショックという経済大危機に見舞われています。幸い緊急融資や持続化給付金等により当面の資金繰りは安定しましたが，売上が回復しないまま借入金の返済が据置期間後にいよいよ始まった時が心配です。その時何が起こるか，を経営者は今から予測すると同時に，常に資金繰りをチェックし問題予測・回避・解決を図らなければなりません。

●成果が上がる４つのステップ

　私が仕事を通じて得た経験則を紹介します。

　それは，成果が上がる４つのステップ：「学ぶ」「気づく」「動く」「続ける」です。

　このステップを着実に踏むことで間違いなく成果が上がります。業績が良い会社と悪い会社の違いは，特に**「動く」**にあります。いくら頭でわかっていても行動しなければ何も変わりません。本書は資金繰りを円滑にし，企業の存続・成長を図るために何をすべきか，についてこの成果が上がる４つのステップに沿って解説しました。

●本書の読み方・使い方

　本書は，経営の意思決定者である経営者や後継者にお読みいただきたいと思い平易でわかりやすく，また興味があるテーマをどこからでも読めるようにQ&A形式にしました。

　具体的に動くためには最低限の知識が必要になるので，「学ぶ」編（第1章）では資金繰り表を作成する上での知識の習得を，「気づく」編（第2章）では，実際に自社の決算書や月次試算表，資金繰り表を自分で分析，評価していただきたいと思います。会計事務所や経理担当者の支援を得ても「丸投げ」だけはやめましょう。せっかくの「気づき」が生まれません。

　気づきをもとに**「財務経営力」**を向上させ，資金繰り改善に向けて具体的に行動するために「動く」編（第3章）を参考にしましょう。特に中小企業は金融機関との関係を強化し**「資金調達力」**を高める必要があります。積極的に本書で得た知識をもとに金融機関と「対話」をしましょう。

　資金繰りの改善は一朝一夕にはいきません。これだ，と決めたらとにかく成果が上がるまで継続することです。「続ける」編（第4章）でそのヒントを得てください。

　また企業の経理担当者や会計事務所の職員の方であれば，資金繰り改善や経営支援において実務で活用していただきたいと思います。

　多くの企業がコロナショックの多大なる影響を受けている今，本書により資

金繰りの安定化を図り，倒産という最悪の状況だけは避けていただきたいと切に願います。日頃お悩みの資金繰りや経営課題の解決の一助となれば幸いです。

＊

最後にコロナ禍で先行き不透明な中，中小企業支援に対する熱き想いを共有し企画の段階から温かく支え，時には励ましていただいた田邉一正編集長のおかげで刊行に至ったことに深く感謝申し上げます。

2021年4月

税理士　増山　英和

Contents

Contents

コラム

第 **1** 章

学 ぶ 編

　本書では，資金繰りについて「学び」，現状分析により「気づき」，解決に向けて「動き」，安定した状態を「続ける」，という改善の4ステップで解説していきます。

　最初のステップは「学ぶ」。

　「経理や会計は苦手で……」と食わず嫌いの経営者の方，会社は会計で強くなることをご存じでしょうか。知識がなければ知恵は生まれません。まずは最低限知っておきたい資金繰りに関する知識を本章で学びましょう。

1-1 資金繰りの失敗事例

> **Q** 資金繰りに失敗し廃業・倒産した話をよく聞きますが，どのような原因によるものなのでしょうか？

A 計数管理を怠り，資金繰り改善に取り組まなかった結果，業績が悪化してやがて倒産した失敗事例から教訓を得ましょう。

解　説

1　美味いものさえ作っていれば…

　ある日，巷で評判の洋菓子製造・卸・小売業の社長の奥様（経理担当）から相談がありました。

「ヒット商品のおかげで売上が急増してうれしい悲鳴なのですが，資金繰りが逆にどんどん厳しくなっていくのでこちらも悲鳴をあげています」

とのこと。自社で会計ソフトを利用していても決算間近に一気にまとめて入力しているため月次試算表は作成しておらず，財務数値をつかめずこのまま続けていくことに不安を感じていました。

　社長は職人肌の3代目。

「美味しいものさえ作っていれば経営はうまくいく。数字は不得意なので女房任せ」

と決算書には目もくれず，金融機関との折衝には同席せず，資金繰りに関してもすべて奥様任せでした。

2　入りは遅く出は早く

　町内会長も務める社長は街の人気者。人望が厚く多くの方から慕われる，いわゆる「いい人」です。卸売先から「社長，申し訳ないけどもうちょっと支払いを待ってもらえないかな」と支払猶予を頼まれれば「いいよ，おたくも大変だな」と気前よく承諾することで売上代金の回収が延び，仕入先から「社長，申し訳ないけどちょっと早く支払ってもらえないかな」と早期の支払いを頼ま

れれば「いいよ，頑張れよ」と仕入代金の支払いを早めることに何の抵抗もなく気前よく対応してきました。このような対応が1回のみならず何度か続くと，「あの社長は頼めば応じてくれるいい人だ」と業者間で噂になりました。その結果，次第に資金の**入りは遅く，出は早く**なったことでさらに資金繰りが厳しくなっていったのです。

3　手貸でなく証貸

　回収サイトが延びる一方，支払サイトは短縮し，おまけにヒット商品により売上が増加したため，**運転資金**（2-12参照）の必要額が増えました。当初は，社長や奥様からの借入金で資金繰りを回していましたが，それも限界に近づいたため奥様は金融機関に融資の相談をしました。

　金融機関は，売上が伸びていることで生じる「正常運転資金」なので手形貸付による**短期継続融資**（3-4参照）を提案してきました。これなら返済資金の流出はありません。しかしかつて業績が悪化した時に手形貸付の「貸しはがし」にあったトラウマから社長は猛反対し，約定弁済付きの**証書貸付**（3-3参照）にしました。これにより月々の返済額がさらに増え，資金繰りがさらに逼迫する事態に陥りました。

4　原価計算

　製造と販売にしか興味を示さず経験と勘と度胸のみで勝負してきた社長，帳簿付けと金融機関との折衝までの奥様，計数管理を行い資金繰りをコントロールする人はこの会社には誰もいませんでした。

　当然，原価計算などの**管理会計**については，その言葉すら理解はありませんでした。そこで，経営コンサルタントに依頼してヒット商品の原価計算をしたところ，ヒットする理由が明確にわかりました。100円の売値に対して原価はなんと120円もかけていたのです。市場は正直ですから安くて美味い，となれば黙っていても売れます。この赤字商品が飛ぶように売れれば売れるほど，赤字が増え資金繰りが悪化していったのです。この事実を社長に報告し，100円と値付けした根拠を尋ねたところ「余計なお世話だ」と怒り出し黙り込んでしまいました。

5 改善策

　以上のことから，社長の**経営姿勢**と対応も含め，**「赤字商品」「回収・支払サイト」「借入返済」**が資金繰り悪化の原因であることが判明したので以下のように改善の方向性を整理し報告しました。

---

(1)　赤字商品については，とにかく赤字にならないように「売値を上げる」，「原価を下げる」，これが無理なら撤退する。

(2)　回収と支払いのサイトについては，今後，相手からの要望に絶対に応じない。かつて要望に応じた先は当初の条件に戻すよう依頼する。これにより取引のトラブルが生じる可能性がある場合は新たな業者を開拓する。

(3)　借入返済については，正常運転資金の範囲は短期継続融資に変更を依頼し，月々の返済額を減額させる。

　これらが改善に向けての打ち手であることを社長に告げたところ，社長はすべて拒否。今度は最大の債権者である金融機関も同席して再度の改善会議をしても社長は「得意先や取引先に迷惑がかかるので今さらそんなことはできない」との一点張り。改善せずに現状のまま続ければやがて倒産する，との警告に社長は激怒して退席してしまいました。

　改善に取り組む意思がない，と判断した金融機関は支援することをあきらめ，その後新たな融資は一切行われませんでした。親族内には事業を承継する者はおらず，老齢化した幹部・社員にも承継者がいなかったため事業の引き継ぎはできず，相変わらず社長は経営改善に取り組むこともなくやがて資金繰りに行き詰まり倒産してしまいました。

6 倒産の原因

　中小企業庁は，中小企業の倒産状況を把握することを目的に㈱東京商工リサーチの調査結果をとりまとめ，「倒産の状況」としてHPで公開しています。2019年の倒産に至る原因を見ると，圧倒的に「販売不振（72.5%）」が，次いで「既往のしわよせ（10.1%）」が原因となっています。これらにより資金の流入が減り，流出が増えることで最終的には**「資金繰りが悪化」**して倒産に至るのです。企業はいきなり倒産することはありません。何らかの予兆が必ずあります。

＜原因別倒産状況（2019年）＞

放漫経営	過少資本	連鎖倒産	既往の しわよせ	信頼性の 低下	販売 不振	売掛金 回収難	在庫状態 悪化	設備投資 過大	その他	合計
434	337	370	844	37	6,079	38	8	56	180	8,383
5.2%	4.0%	4.4%	10.1%	0.4%	72.5%	0.5%	0.1%	0.7%	2.1%	100.0%

出所：中小企業庁ホームページ，白書・統計情報の「倒産状況」（東京商工リサーチの調査結果）

以下の倒産原因が自社で現れたら即，改善です。

- ・**販売不振**により売上高が減少し外部からの資金の流入が減少します。
- ・**既往のしわよせ**とは，過去の連続赤字とそれを埋めるための債務の累積による資金繰り悪化を意味します。最後は資金繰りにしわ寄せされます。
- ・**放漫経営**の最大の原因は経営者のだらしない経営姿勢と能力不足です。無駄な資金の垂れ流しが行われ，改善に取り組まなかった結果です。
- ・**連鎖倒産**に至る原因は，売掛金の回収難にあります。予定していた資金の流入が減少してしまうのです。
- ・**過少資本のケース**が多い中小企業は，金融機関からの借入に依存しているので，返済や金利の負担により資金が流出します。
- ・**設備投資過大**により資金の固定化や多額の借入に伴う返済負担が生じます。特に土地を取得した場合，減価償却できないことに注意が必要です。
- ・**信頼性の低下**により金融機関の貸し渋り・貸しはがし，取引先の取引停止により事業自体の継続が不可能となります。
- ・**在庫状態悪化**により当初予定していた資金回収は難しくなります。

1-2 資金繰りの成功事例

> **Q** 売上は伸びているのですが，いつも資金繰りで悩んでいます。改善事例など
> で，何かヒントを得たいのですが…。

A 多くの経営者は同じような悩みをお持ちです。以下の資金繰り改善事例からヒ
ントを学びましょう。

解 説

1 働けど働けど

いかにも頑固一徹な製造業の社長から悩み相談がありました。

**「おかげさまでどんどん仕事が増え，朝から晩まで休み返上で働き続けていま
す。その一方で資金繰りがどんどん厳しくなっていくんです。なんだか悪い方
向に進んでいるような気がするのですが，このままの経営方針でよいでしょう
か？」**

成長企業に共通しておこる資金繰りの問題です。高い加工技術を持ち，油ま
みれ，汗まみれになって社員と一緒に現場で働く社長は，取引先や社員からの
人望が厚く，日々とにかく一生懸命に働いていました。しかし唯一欠けていた
社長の仕事がありました。それは「カネ」に関すること，すなわち**財務管理**の
仕事でした。

2 資金繰り悪化の原因

経験豊富な経理事務員が決算書まで作成し，法人税申告書作成のみ税理士に
年に1回頼んでいたため，日ごろ社長に助言する人は誰もいませんでした。一
緒に社長の悩みを聞いていた後継者は，不安感から顔色が曇りました。事業承
継を数年後に控えていましたが，会社の**財務状況**を把握していなかったのです。
社長との会話は「いかに売上を上げるか」だけでした。

現状を把握するために**受注先別の売上高と利益率，回収サイトの一覧表**（2-9

参照)を作成してみると，資金繰り悪化の原因がわかりました。売上増加の内容
は，儲けが薄い量産品が多くを占め，しかもその受注先の回収サイトが全取引
先の中で一番長かったのです。後継者が社長に受注先の見直しを迫ると「昔，
厳しい時に仕事をくれて助けてくれた。しがらみがあるんだよ」と抵抗姿勢を
示しました。

　一方，入社前の修行時代に他社で特殊技術を習得してきた後継者は，自分の
ネットワークで独自のルートを開発し，高い技術力が徐々に知れ渡り，遠方か
らの受注も次第に増えてきました。

　後継者は毎月，会計データに基づいて業績管理をすべきと考え，経理事務員
に**月次試算表**(2-1参照)の作成を依頼しましたが，「税務署に申告する時までに
決算書を作成すれば問題ないでしょう。毎月作成するのは大変なんですよ」と
一蹴。月次試算表は作成してもらえず，請求書に基づく売上高のみの報告を受
けていたので損益の状態はわかりませんでした。

3　判断基準

　新たに手を打つことをしないまま，いよいよ資金繰りが厳しくなってきたの
で，社長は融資の相談に後継者と一緒に紹介も兼ねて銀行に出向きました。さっ
そく担当者から「御社の現況を把握するのに直近の試算表を見せてください」
と言われたときに返答に困り，2人で恥をかいたのをきっかけに，社長は財務
管理を後継者に任せることにしました。

　数日後，資金繰りが相変わらず厳しい中，社長から「さらに売上を伸ばすた
めに新たな機械の導入と工場の増設を考えている，お前はどう思う？」と相談
されました。後継者にはその良否を判断する術がなく困惑していたところ，「俺
はいけると思う」と自信たっぷりに断言した社長が持っていたものは，経験・
勘・度胸でした。経験年数が浅く，それを持ち合わせていない後継者にとって
必要なものは，タイムリーに会社の状況を正確に映し出す会計データでした。

4　会計で会社を強くする

　「会計」という新たな武器を手に入れ活用するために，後継者は税理士に相談すると同時に経理事務員を説得して会計ソフトを導入し，まず月次試算表を作成しました。次に予算を立て，予実管理を行い，肝心の資金管理を徹底するために**資金繰り実績表・予定表**（1-8参照）を作成しました。これにより後継者が一番知りたい以下のような「今の流れでいくとわが社はどうなるか？」の経営課題が浮き彫りにされてきました。

- 現状の方針で回収サイトが長い受注先の取引を増加させれば必要運転資金の調達に追われるようになる。
- 儲けの薄い仕事は量をこなすことで利益を確保できるが受注量が減少したらどうするのか。

5　改善の方向性

　後継者が「会計」に注力したことで作成された月次試算表や資金繰り予定表，予想損益計算書・貸借対照表などを用いて後継者は経営課題を社長に説明しました。今までは後継者の話にあまり耳を傾けなかった社長でしたが，ぼんやりしていた心配が具体的な数値として明確に見える化されたことで，新たに危機感が高まり，経営課題の解決策を後継者とともに検討し，以下のように打ち出しました。

- メインの仕事は当面継続するが，積極的に営業はしない。**受注単価の引上げと回収サイトの短縮化**を申し入れる。
- 今後，人員の採用は厳しいので，量をこなす売上志向から質を高める**利益志向**に方針転換する。
- 生産性を向上させるために社員の技術水準を上げ，薄利多売から**付加価値**の高い特殊技術を活かした仕事にシフトする。また新たな**顧客の開拓**は後継者が担当し，ホームページやSNSなども積極的に活用する。
- 現在の借入は複数本あり，すべて約定弁済付であり返済期間も短い。これをまとめて**借換え**をして，**返済期間を延ばす**ことで**返済月額を減額**させ，資金繰りの安定化を図る。

・今後生じる増加運転資金分は手形貸付か当座貸越として**短期継続融資**に組み替えることで月々の返済額を 0 にする。これは継続されることを大前提とするため「貸しはがし」「貸し渋り」にあわないように業績の維持・向上に努める。

・そのために**経営計画**（4-1参照）と**利益計画**を策定し，金融機関に**モニタリング**（4-4参照）資料として月次試算表等を定期的に送付することで経営状況を積極的に開示し情報の非対称性を解消する。

6 資金繰りの安定化

　全社一丸となってこのような改善策に取り組んだ結果，売上高は減少したものの，利益の額と率は増加しました。また金融機関の金融支援を受け，毎月の借入返済額はピークの半額程度，増加運転資金分は月々の返済がない短期継続融資となったため資金繰りの安定化を図ることができました。

　その後，経営状況が落ち着いたタイミングで事業承継をし，金融機関との関係をさらに強化するために金融機関へ決算報告と経営計画をプレゼンすることにしました。初回は自信がなく税理士相手にロールプレイングを重ね，説明原稿まで作成していましたが，回を重ねるにつれ内容も充実し，今や一人で 2 時間プレゼンできるようになりました。

　後継者と会社の成長に金融機関は高い評価をし，**ローカルベンチマーク**（3-7参照）の非財務情報をもとに受注拡大を図るために「是非，融資のお手伝いをさせていただきたい」と設備投資の融資を提案いただくようにまでなりました。

経営状況を正確に把握して，金融機関に説明することが大事！

1-3 中小企業の資金繰り事情

> **Q** 中小企業の資金繰りはどのような現状でしょうか？
> 業種によって開きがあるのでしょうか？

A 借入依存度が高く手持ち資金も少ない中小企業の脆弱な資金繰りの現状が，コロナショックで露呈されました。

解 説

1　コロナショックで資金繰り相談激増

2020年版「中小企業白書」によれば，新型コロナウイルスに関する経営相談窓口には，2020年3月末までに30万件近い相談が一気に寄せられました。そのほぼすべてが**「資金繰り」**関連です。このうち飲食業は約3割をも占め，タイムラグはあるものの今後，多くの業種に影響が出るのは容易に想像できます。

<相談窓口の利用件数に占める各業種の割合>

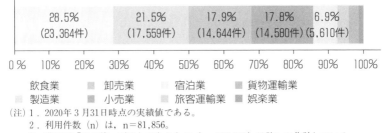

| 28.5%
(23,364件) | 21.5%
(17,559件) | 17.9%
(14,644件) | 17.8%
(14,580件) | 6.9%
(5,610件) |

0%　10%　20%　30%　40%　50%　60%　70%　80%　90%　100%

飲食業　■卸売業　宿泊業　■貨物運輸業
製造業　小売業　旅客運輸業　娯楽業

(注) 1. 2020年3月31日時点の実績値である。
2. 利用件数 (n) は，n＝81,856。
3. 業種が「その他・不明」であるもの (n＝196,817) は除いて集計している。
出所：中小企業庁「2020年版中小企業白書・小規模企業白書〜新型コロナウイルス関連部分〜」(令和2年4月)，1頁

2　資金繰りが不安定な中小企業

業種別・規模別に見た，固定費と流動性の高い手元資金の比率のデータ (2018年法人企業統計調査年報) があります。これは次のように計算し，流動性の高い手元資金が年間で生じる固定費の何年分に相当するかを示しています。

> 流動性の高い手元資金（現金・預金＋受取手形＋売掛金）
> ÷年間固定費（役員給与・賞与＋従業員給与・賞与＋福利厚生費＋支払利息など
> ＋動産・不動産賃借料＋租税公課）

　金融保険業を除く全産業では1年10ヵ月ですが，多くの中小企業が属する資本金1千万円未満となると11.6ヵ月と低くなり1年を切ってしまいます。宿泊業ともなると極端に短くなり2.9ヵ月，飲食サービス業は5.6ヵ月となります。これは2018年の数値なのでコロナショック後の現況ではさらに資金繰りが厳しくなっている会社が増えていることでしょう。

<業種別・規模別に見た，固定費と流動性の高い手元資産の比率（2018年）>

業種	全規模	資本金1千万円未満
全産業（除く金融保険業）	1.83	0.97
製造業	2.22	1.02
卸売業	3.96	1.54
小売業	1.10	1.07
宿泊業	0.55	0.24
飲食サービス業	0.45	0.47

・操業停止，休業により売上げが計上できない場合，給与等の固定費は現預金等の手元資産から拠出せざるを得ない。
・宿泊業・飲食サービス業では，今後半年間で資金繰り難が深刻化する可能性。

（注）　流動性の高い手元資産（現金・預金＋受取手形＋売掛金）÷年間固定費（役員給与・賞与＋従業員給与・賞与＋福利厚生費＋支払利息など＋動産・不動産賃借料＋租税公課）。流動性の高い手元資産が年間で生じる固定費の何年分に相当するかを見たもの。

出所：中小企業庁「2020年版中小企業白書・小規模企業白書～新型コロナウイルス関連部分～」（令和2年4月），1頁

3　借入金依存度が高い中小企業

　財務基盤が脆弱な中小企業の多くは，事業に対する出資額にも限度があるため，事業資金の調達を金融機関からの借入金に頼らざるを得ません。中小企業が健全に経営の継続，成長をしていくためには，金融機関との関係強化を図り，**円滑な資金調達**を行うことが大前提となります。そのために何をしたらよいか，本書から学び，気づいたら具体的に実践しましょう。

1-4 「勘定合って銭足らず」はなぜおこる？

> **Q** 利益は順調に増えていますが，手元資金は同じように増えていきません。「勘定合って銭足らず」という言葉をよく耳にするのですが，どのような意味なのでしょうか？

(A) 利益を計算する「損益計算」と資金の増減を計算する「資金計算」は必ずしも一致しません。なぜそうなるのかを学び，利益が資金で残るように改善に努めましょう。

解　説

「利益が増えたことはうれしいが，税金を納めるのに資金をかき集める苦労をしなければならないのはなぜ？」という経営者の悩みや愚痴をよく耳にします。**「勘定＝利益」**はあっても**「銭＝資金」**が足らない，ほとんどの企業はこのような状態になっているといっても過言ではないでしょう。では，なぜそのようなことが起こるのでしょうか。

理由❶：信用取引（売掛金，買掛金）

すべての取引の決済を現金で行えば，収益＝現金収入，費用＝現金支出となり，収益−費用＝利益は，現金の増減額と同額になります。勘定合って銭も合います。しかし現代社会においてはこのような決済取引はむしろ稀です。信用取引が常となるので**売掛金**や**買掛金**という勘定科目が表れてきます。売上が計上されても掛取引ともなれば，収益（売上）＝現金の増加にはなりません。同様に掛取引で仕入れると，費用（仕入）＝現金の減少にはなりません（1-5参照）。

理由❷：在庫

在庫は，販売しなければ資金になりません。機会損失を考えると在庫をなくすことはできませんが，**「在庫」＝「資金の固まり」**であるという意識を持ち，いかに必要最低限の量にとどめるか，という改善策が販売効率や資金効率を高め

る上で必要です。在庫を①よく売れて回転率が高く儲けにつながる「財庫」，②一般的な「在庫」，③陳腐化・損傷し儲けにつながらない「罪庫」に分類・管理し，持てば持つほど価値が下がる在庫は，タイミングよく処分し資金に替えましょう。また決算の時だけでなく，月次試算表にも在庫を毎月概算計上し，常にその存在を意識づけることが大切です（1-5，2-10参照）。

理由❸：資産の取得

決算間際に新車を現金で買って節税したい，という経営者は意外に多いものです。原則10万円（青色申告の場合は30万円）以上の資産を購入した場合，一度に費用にはならず資産に計上しなければなりません。購入時に多額の現金支払いがある一方，減価償却費という費用は耐用年数のもと使用した月数で計算するので支出と費用には大きな差が生じてしまいます。

理由❹：借入金

「節税のために借入金を一括返済したい」とおっしゃる方がいます。「そうですか，では借入をした時には一気に売上が上がって大変ですね」，と応えると困惑した表情になります。借入をする，返済する，これは損益計算に反映されない**資金のみの増減**となるのでご注意ください。

理由❺：減価償却費，引当金

減価償却費や貸倒引当金などの引当金は，資金の支出はなくても費用になります。**簡易キャッシュフロー**は，利益に非現金支出費用である減価償却費を加えて計算します。決算書が赤字であっても，それが減価償却費によるものなのかどうか，要チェックです。

1-5 「儲けの計算」と「お金の計算」

> **Q** どのようにして「勘定合って銭足らず」の状態になるのか，具体的に教えてください。

A 「勘定合って銭足らず」になる理由を簡単な取引と計算例でみてみましょう。損益計算と資金計算の違いが大きなポイントです。

解 説

1 ケーススタディ❶：「売掛金が原因」

次の例をもとに「**損益計算**」と「**資金計算**」の違いをみてみましょう。

> ・自分の現金1,000円を会社に出資して，資本金1,000円の会社を作りました。それ以外の資金はありません。
> ・その後1,000円の商品を仕入れました（①）。その代金は40日後に支払いました（③）。
> ・商品は仕入れてから20日後に2,000円で販売しました（②）。その代金は60日後に回収しました（④）。

この取引を時間軸でみてみると次のようになります。各取引の仕訳も参考にしてください。

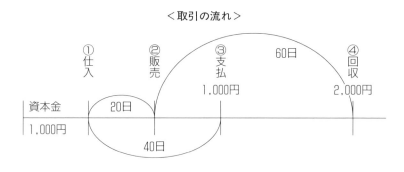

＜取引の流れ＞

① **商品仕入時**……1,000円の商品を仕入れますが，まだ代金を支払わないので資金に動きはありません。

（借）仕　　入　1,000　（貸）買 掛 金　1,000

② **商品販売時**……仕入後20日経って商品を2,000円で販売しました。1,000円で仕入れたものが2,000円で売れたので1,000円（＝2,000－1,000）利益が出ました。しかし販売代金はまだ回収できません。

（借）売 掛 金　2,000　（貸）売　　上　2,000

③ **買掛金支払時**……仕入後40日経って買掛金（仕入代金）1,000円を手元資金から支払ったので資金が1,000円減り，手元資金は 0（＝1,000－1,000)になってしまいました。

（借）買 掛 金　1,000　（貸）現　　金　1,000

④ **売掛金回収時**……販売後60日経ってようやく売掛金（販売代金）2,000円を回収できたので，手元資金は2,000円になりました。

（借）現　　金　2,000　（貸）売 掛 金　2,000

⑴ 決算その１

　仮に②の売上の後に決算，となると損益（儲け）と資金（カネ）の計算は次のようになります。

損益計算：売上2,000円 － 仕入1,000円 ＝ 利益1,000円
資金計算：動きなし。手元資金は当初の1,000円のみ

　この場合，利益1,000円はどこにいったかというと，資金ではなく**売掛金**の中に含まれています。

貸借対照表

現金 1,000円	買掛金 1,000円
売掛金 2,000円	資本金 1,000円
	利益 1,000円

損益計算書

仕入 1,000円	売上 2,000円
利益 1,000円	

⑵　決算その2

　次に③の買掛金の支払いの後に決算，となると損益（儲け）と資金（カネ）の計算は次のようになります。

> **損益計算**：売上2,000円 － 仕入1,000円 ＝ 利益1,000円
> **資金計算**：当初1,000円 － 買掛金支払1,000円 ＝ 0

　利益は1,000円出ていますが，手元資金は買掛金1,000円の支払いに使ってしまったのでもうありません。残高0です。**「勘定合って銭足らず」**になってしまいました。この仕入代金を支払ってから販売代金を回収するまでの40日間は資金0の状態が続いてしまいます。この間の諸経費の支払いはどうするのでしょうか。この段階で決算となれば利益に税金がかかりますが資金はありません。どうやって納税するのでしょうか。

　このように売掛金の回収までの資金不足を埋めるために**「運転資金の調達」**が必要になるのです。

貸借対照表

	資本金 1,000円
売掛金 2,000円	
	利益 1,000円

損益計算書

仕入 1,000円	
	売上 2,000円
利益 1,000円	

⑶ 決算その3

最後に④の売掛金が回収された後に決算，となると損益（儲け）と資金（カネ）の計算は次のようになります。

> **損益計算**：売上2,000円 － 仕入1,000円 ＝ 利益1,000円
> **資金計算**：当初1,000円 － 買掛金支払1,000円 ＋ 売掛金回収2,000円
> 　　　　　　 ＝ 2,000円

結果的に決算時の資金は当初の1,000円に利益の1,000円が加わって2,000円となりました。**利益が資金になつた**ので，勘定合って銭も合いました。

貸借対照表

	資本金 1,000円
現金 2,000円	
	利益 1,000円

損益計算書

仕入 1,000円	
	売上 2,000円
利益 1,000円	

2　ケーススタディ❷：「在庫がネック」

次は，在庫を持つことが資金繰りに影響を及ぼす取引例です。

・自分の現金1,000円を会社に出資して資本金1,000円の会社を作りました。

・その後1,000円の商品を仕入れ，現金で支払いました。

・商品は仕入れた後2,000円で販売され代金は現金で回収しました。

・回収した2,000円を使ってすぐ次の商品を仕入れました。

・この商品はなかなか売れず，在庫のまま決算となりました。

この場合，決算時の損益（儲け）と資金（カネ）の計算は次のようになります。

損益計算：売上2,000円 － 仕入1,000円 ＝ 利益1,000円

資金計算：当初1,000円 － 現金仕入 1,000円 ＋ 現金売上2,000円
　　　　　　　－ 現金仕入2,000 ＝ 0

結果的に利益は1,000円出ましたが，手元資金はなくなり「勘定合って銭足らず」，となってしまいました。では何が残っているのか，というとまだ売れていない商品2,000円が**在庫**としてあるのみです。この中身は当初資金の1,000円と利益1,000円です。これが在庫という形に変わっているのです。この在庫が売れて販売代金を回収するまでの期間は資金が0となってしまいます。ケース1同様，この間の諸経費の支払いや税金の納付はどうするのでしょうか。やはり運転資金の調達が必要となってきます。

貸借対照表		損益計算書	
商品 2,000円	資本金 1,000円	仕入 1,000円	売上 2,000円
	利益 1,000円	利益 1,000円	

3 入りは早く出は遅く

　この2つのケースから，売上について現金売上が少なく「掛売上」が多く，また「回収までの期間が長い」場合，また「在庫」を常に多く持ち，「販売するまでの期間が長い」場合には，運転資金を調達しなければ間違いなく資金繰りが厳しくなることがおわかりいただけたかと思います。

　まずは「運転資金の調達方法」について，そして「運転資金が必要となる期間」をいかに短縮するか，を検討しましょう。そのためには**「売掛金」「棚卸資産（在庫）」「買掛金」**をしっかりと管理することが重要です。

　「入りは早く，出は遅く」をスローガンに掲げ，資金繰りの原理原則を学び・気づき，資金繰り改善に向けて具体的に動き，良好な状態を続けていきましょう。

コラム 1　売上至上主義の弊害

　食材卸業者から「営業マンが頑張り売上は続伸，でも資金繰りに追われ，貸倒れも増え困っている」と相談がありました。経営者の営業方針を尋ねたところ「売上をがむしゃらに上げろ」でした。営業マンはその方針に忠実に従い，競合他社に勝つために他社よりも値引き，回収サイトも伸ばして好条件を提示し，回収不安先にも販売していたのです。売上至上主義のみで利益，資金までの方針を明確にしない経営者は失格です。

1-6 資金繰り改善の4ステップ

> **Q** 資金繰りがいつも不安です。安心して経営できるように改善したいのですが どのように進めたらよいでしょうか？

A 資金繰りについて「学び」，現状分析により「気づき」，解決に向けて「動き」，安定した状態を「続ける」，この4ステップで資金繰り改善を進めましょう。

解 説

1 ステップ❶：学ぶ

　最初のステップは「学ぶ」です。以前，資金繰りに四苦八苦している経営者が相談に来ました。「決算書を見てもよくわかりません。私にとって英字新聞みたいなものですから」なるほど言い得て妙だ，と感心している私に「会社をよくするために，この英字新聞を読めるようなりたいです。」と真剣な表情で懇願してきたので，初歩的な内容から丁寧に教えました。すると「会社の決算書の内容がわかってきました」，「経営努力の結果が月次試算表の金額の変化に表れるのでやりがいあります」，「必要利益を確保するには売上は1億7千万円以上ないといけませんね」などと話の内容も徐々にレベルアップし，やがて業績は改善し資金繰りも安定しました。

　その時の経営者の言葉が大変印象的でした。

　「会計はおもしろいですね，これは武器になります。」

　そう，**会計で会社は強くなれる**のです。「経理は苦手で……」と食わず嫌いの経営者は会計を丸投げしがちですが，これはせっかくの武器を捨てるようなものです。まずは最低限の知識を本書で学びましょう。

2 ステップ❷：気づく

　学んで会計の知識が増えてくると決算書や月次試算表，資金繰り表の内容がわかるようになります。自社の過去の数値や同業他社と比較して現状分析がで

き，多くの「気づき」を得ることができるのです。「回収サイトが長くなってきた」，「在庫が増加傾向にある」，「粗利率が落ちてきたので利益の確保が心配だ」等々。この気づきが**「経営課題の抽出」**とその**「原因分析」**につながるのです。経営計画や利益計画，資金繰り予定表と現状のギャップに気づき，解決に向けて新たな行動を起こしましょう。

3　ステップ❸：動く

　伸びる会社とそうでない会社の違いはこの「動く」にあります。問題を解決するためにどう具体的に「動く」のか？　ここが最大のポイントです。何をすべきかをいくら知っていても**動かなければ何ら結果は変わりません**。資金繰り改善の原則は「入りは早く，出は遅く」です。そのために会社で何をすべきか，得意先や取引先にどう交渉するか，など具体的な解決策と行動計画に基づき実践し，資金繰りの安定化を図りましょう。

4　ステップ❹：続ける

　一朝一夕に資金繰りの改善はできません。PDCA サイクルを回し「続ける」ことが大切です。経営計画や利益計画，資金繰り予定表を作成し続け，実行し月次試算表と資金繰り表でチェックし，さらなる改善にむけて進めることで成果は間違いなく表れます。**「継続は力なり」**，頑張りましょう。

＜資金繰り改善の４ステップ＞

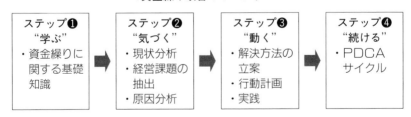

1-7 資金繰り表とは？

> **Q** 資金繰り表とはどのようなものなのでしょうか？
> やはり作成したほうがよいのでしょうか？

Ⓐ 資金は事業活動を維持するに必要不可欠です。資金の動きが今後どのように変化するかを確認するために資金繰り表を作成しましょう。

解　説

1　資金繰り表とは？

一定期間，すべての**現金収入**と**現金支出**を一定の区分・科目に部類・集計したものが**資金繰り表**です。資金繰り表は決算書のように決められた様式はないので，会社にとって役立つレベルのものを自由に作成しましょう。

資金繰り表は右図のように通常の営業活動から得られる「**経常収支**」，資産の売却や設備投資，税金の支払いによる「**経常外収支**」，借入金の調達や返済の「**財務収支**」に分かれます。これを作成することでそれぞれの活動で現金が入る・出る，の動きと過不足，繰越額がわかります。その他にも日本政策金融公庫

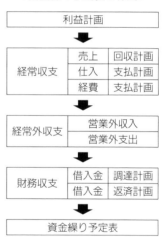

＜資金繰り予定表の作成＞

HP 等に簡易なものから詳細なものまで様式と記入例が掲載されているので参考にするとよいでしょう。

2　会社の「転ばぬ先の杖」

「資金不足になりそうだ」と間近になって大慌てしている経営者がよくいます。日頃の資金繰り管理を怠っているとこうした事態になることも多いのです。重要なことは資金が不足する事態を招かないことです。そのためには資金繰り

予定表を作成し，**資金残高を予測**する必要があります。もし資金不足になりそうならどう対策を打つかを検討し実行しなければなりません。会社にとって資金繰り表は「転ばぬ先の杖」です。この先，安心して経営できるように，早期の予測・発見・対策・行動を心がけましょう。

3　資金不足は命取り

　仕入代金や給与の支払，借入金返済が遅れる，遅れるならまだしも支払いができない，ともなれば信用はなくなり事業の継続に大きな支障が生じます。利益は出ていても資金が枯渇すれば会社は倒産してしまいます。いわゆる**「黒字倒産」**です。

　かつての高度成長期には損益のみの管理で十分でした。しかし時代は激変しこの先何が起こるかわかりません。今までのような勢いで売上は上がりません。その一方で固定費はなかなか削減できないのが現状です。先行き不透明，暗中模索の時代だからこそ資金繰り表を作成し，少しでも先を見通して資金繰りの安定化を図る経営努力が必要です。

4　資金繰り表を作ろう！

　図表のように資金繰り予定表を作成するにはまず「利益計画」を策定することから始めます。これは「損益計画」となります。

　次にこの計画を進めるとどう資金に動きが生じるか，これが「収支計画」となります。**損益と収支のズレ**をしっかり押さえることがポイントです。売上計画に基づく売上代金がいつ回収されるか，一方，仕入計画によりいつ支払うのか，経費はどのくらいの支払を予定するのか。これらは通常の営業活動に基づく収支である「経常収支」となります。

　そして営業外の取引である雑収入や設備投資，支払利息の「経常外収支」，最後は資金調達として借入し返済する「財務収支」，と進めば「資金繰り予定表」の完成です。それぞれの項目をこの後，解説します。

1-8 資金繰り表のつくり方

> **Q** これから資金繰り表を作成したいと思います。どのようにして作成するのでしょうか？

A 簡単なケースをもとに資金繰り表の作成方法を学びましょう。自力で作成することで多くの気づきが得られます。

解　説

1　ケース：A社の概況

業況が厳しくなるにつれ同業者間の競合関係も激化し，売上高が減少傾向にあるA社のケースをもとに資金繰り表の作成方法とチェックするポイントを解説します。

（回収・支払条件）
- 売　　上：当月20％現金回収，80％売掛金（翌月回収）
- 仕　　入：当月10％現金支払，90％買掛金（翌月支払）
- 原価率：67％（粗利率：33％）

2　作成の流れ（カッコの番号は次頁のA社資金繰り実績・予定表に対応）

(1) 直近1ヵ月分の会計数値（実績）を記入します。

(2) 次月以降の売上と仕入について，すでに確定している金額や利益計画書に記載された金額を転記します。

(3) 前月の受取手形と売掛金をもとに予測売上に対して売上代金の回収条件に従い回収予定額を記入します。たとえば，5月売上高は1,200万円なので5月中に入金になるのは240万円（1,200×20％），残り80％の960万円は売掛金となり，6月の売掛金現金回収に記入します。

(4) 雑収入などのその他収入の予定があれば記入します。

(5) 前月の支払手形と買掛金をもとに，予測仕入に対して仕入代金の支払条件

<A社　資金繰り実績・予定表（対策前）>

（単位：円）

			(1)　4月（実績）	5月（予定）	6月（予定）
売上高			15,000,000	(2)　12,000,000	(2)　11,000,000
仕入・外注費			10,000,000	(2)　8,000,000	(2)　7,300,000
前月繰越高			1,500,000	1,300,000	300,000
経常収支	経常収入	現金売上	3,000,000	(3)　2,400,000	2,200,000
		売掛金現金回収	11,000,000	12,000,000	(3)　9,600,000
		受取手形回収	0	0	0
		その他収入	100,000	(4)　100,000	(4)　100,000
		収入　合計	14,100,000	14,500,000	11,900,000
	経常支出	現金仕入	1,000,000	(5)　800,000	730,000
		買掛金現金支払	6,000,000	9,000,000	(5)　7,200,000
		支払手形決済	0	0	0
		人件費支払	3,000,000	(6)　3,000,000	(6)　3,000,000
		諸経費支払	2,500,000	(6)　2,000,000	(6)　1,500,000
		その他支出	1,000,000	(6)　200,000	(6)　200,000
		支出　合計	13,500,000	15,000,000	12,630,000
	経常収支過不足		600,000	(12)　−500,000	(12)　−730,000
経常外収支	経常外収入	固定資産等売却	0	0	0
		その他収入	0	0	0
		収入　合計	0	0	0
	経常外支出	固定資産等購入	300,000	0	0
		税金等支払	0	0	0
		その他支出	0	0	0
		支出　合計	300,000	0	0
	経常外収支過不足		−300,000	0	0
財務収支	財務収入	長期借入金調達	0	0	0
		短期借入金調達	0	0	0
		その他収入	0	0	0
		収入　合計	0	0	0
	財務支出	長期借入金返済	500,000	(10)　500,000	(10)　500,000
		短期借入金返済	0	0	0
		その他支出	0	0	0
		支出　合計	500,000	500,000	500,000
	財務収支過不足		−500,000	−500,000	−500,000
翌月繰越高			1,300,000	(11)　300,000	(11)　−930,000

に従い支払予定額を記入します。たとえば，5月仕入は800万円なので5月中に支払うのは80万円（800×10％），残り90％の720万円は買掛金となり，6月の買掛金現金支払に記入します。

(6)　人件費等の経費は予定している金額を利益計画書から記入します。

(7)　固定資産の売却収入等の予定があれば経常外収入に記入します。

(8)　固定資産の購入や税金等の支払予定があれば経常外支出に記入します。

(9)　長期・短期の借入金等による資金調達の予定があれば財務収入に記入します。

(10)　長期・短期の借入金の返済等については，「返済予定表」等から返済予定額を記入します。また今後，計画に無い新たな借入をした場合には，その返済額を追加計上し修正します。

(11)　それぞれの金額の記入が終われば集計し，翌月繰越高を計算します。

＊

こうして作成されたのが資金繰り予定表（対策前）です。資金繰り予定表を作成したA社は，次の問題が浮き彫りにされました。

3　予測される問題

通常の営業活動から得られる経常収支(12)は基本的にプラスでなければなりません。4月実績は＋60万円でした。しかし売上減少傾向から5月は−50万円，6月は−73万円となり単月での**経常収支が「収入＜支出」**と厳しい状況が予測されます。

一方，長期借入金の返済月額の50万円は固定支出として待ったなし。その結果，5月末の資金残は30万円，6月末は−93万円と予測されました。つまり**資金ショート**が発生するという経営の黄色信号が灯されたのです。

4　解決にむけての対策

資金繰り予定表を作成していなければ，ただ何となく手持ち資金が減少傾向にあることに気づく程度でしょう。6月には借入の返済をする前に資金がショートすることが発覚した時に大慌てする姿が目に浮かぶようです。資金繰

り予定表により今後の問題が見つかれば，それを回避するためにどのような対策をとるか，すなわち**「打ち手」**を考え実行する必要があります。A社は次の2つの打ち手を考え，実行に向け動き出しました。

---

(1) 遊休資産の売却

　もし手を打たなければ5月の資金残高は30万円になってしまいます。そこで本来の事業による支出と借入金の返済を賄うために，**遊休資産を売却**して70万円の収入を得ることにしました。これにより月末の資金残高は100万円になります。

(2) 新たな借入

　しかし6月にはさらに経常収支のマイナスが予測されています。よって資金の安定化を図るために，金融機関にこの資金繰り予定表を提示して200万円の**融資**を申し込みました。

　この2つの打ち手により270万円の臨時収入を得てなんとか資金を回し経営を継続することができそうです。しかし金融機関からの回答があるまでは予断を許しません。審査には時間がかかるので金融機関などの相手がある対策ではいち早く手を打つ必要があります。もちろん自助努力でできることがあれば即実践です。

有効な「打ち手」を考え，即実行！

＜A社　資金繰り実績・予定表（対策後）＞

（単位：円）

			4月（実績）	5月（予定）	6月（予定）
売上高			15,000,000	12,000,000	11,000,000
仕入・外注費			10,000,000	8,000,000	7,300,000
前月繰越高			1,500,000	1,300,000	1,000,000
経常収支	経常収入	現金売上	3,000,000	2,400,000	2,200,000
		売掛金現金回収	11,000,000	12,000,000	9,600,000
		受取手形回収	0	0	0
		その他収入	100,000	100,000	100,000
		収入　合計	14,100,000	14,500,000	11,900,000
	経常支出	現金仕入	1,000,000	800,000	730,000
		買掛金現金支払	6,000,000	9,000,000	7,200,000
		支払手形決済	0	0	0
		人件費支払	3,000,000	3,000,000	3,000,000
		諸経費支払	2,500,000	2,000,000	1,500,000
		その他支出	1,000,000	200,000	200,000
		支出　合計	13,500,000	15,000,000	12,630,000
	経常収支過不足		600,000	−500,000	−730,000
経常外収支	経常外収入	固定資産等売却	0	(1) 700,000	0
		その他収入	0	0	0
		収入　合計	0	700,000	0
	経常外支出	固定資産等購入	300,000	0	0
		税金等支払	0	0	0
		その他支出	0	0	0
		支出　合計	300,000	0	0
	経常外収支過不足		−300,000	700,000	0
財務収支	財務収入	長期借入金調達	0	0	0
		短期借入金調達	0	0	(2) 2,000,000
		その他収入	0	0	0
		収入　合計	0	0	2,000,000
	財務支出	長期借入金返済	500,000	500,000	500,000
		短期借入金返済	0	0	0
		その他支出	0	0	0
		支出　合計	500,000	500,000	500,000
	財務収支過不足		−500,000	−500,000	1,500,000
翌月繰越高			1,300,000	(1) 1,000,000	(2) 1,770,000

コラム
2
　　部門別業績管理のススメ

　会社が成長すると取引先数や取扱商品，サービスの種類が増えていきます。同時に従業員数も増加するため組織の中に部門を作るようになります。この段階ともなれば，どんぶり勘定を脱却して部門別に業績管理を行う必要が出てきます。

　部門別の戦略を打ち出して部門長に利益責任を持たせ，

＜部門別損益計算書の概要＞

	A 部門	B 部門	C 部門	合計
売上高	100	80	120	300
変動費	30	20	60	110
限界利益	70	60	60	190
部門直接費	30	30	50	110
部門直接利益	40	30	10	80
共通費	10	10	15	35
経常利益	30	20	－5	45

出所：中小企業庁「「経営力向上」のヒント～中小企業のための「会計」活用の手引き」（2016 年 3 月），38頁

次世代の管理者を育てるために「部門別損益表」を作成し部門ごとの業績を知ることから始めましょう。経営の意思決定に役立つようにここでは変動損益計算書にて費用を変動費と固定費に分け，部門毎の限界利益（率）を認識することが大切です。また部門共通費の負担割合は不公平感がないよう事前にルール化しておきましょう。

　次は売上の中身を細分化した商品別・得意先別売上管理に注力しましょう。たとえば商品毎の売上予算を策定した上で毎月実績と対比し，差異分析を行い改善を図る，というように PDCA サイクルにしっかり載せて成果につなげることが大切です。

＜商品別月別売上予算の例＞

●年●月～●年●月　第●期　商品別売上予算　　　　　　　　　　　　　単位：千円

No	商品 (商品群)	前年	予算	4月	5月	6月	7月	8月	9月	10月	11月	12月	1月	2月	3月
1	A商品	29,740	31,000	2,560	2,560	2,700	2,700	1,890	2,700	2,700	2,700	2,560	2,560	2,700	2,700
2	B商品	27,530	28,500	2,350	2,350	2,480	2,480	1,730	2,480	2,480	2,480	2,350	2,350	2,480	2,480
3	C商品	25,930	26,500	2,190	2,190	2,300	2,300	1,610	2,300	2,300	2,300	2,190	2,190	2,300	2,300
4	D商品	22,110	22,000	1,820	1,820	1,910	1,910	1,340	1,910	1,910	1,910	1,820	1,820	1,910	1,910
5	E商品	18,540	17,500	1,450	1,450	1,520	1,520	1,070	1,520	1,520	1,520	1,450	1,450	1,520	1,520
6	F商品	14,610	16,000	1,320	1,320	1,390	1,390	970	1,390	1,390	1,390	1,320	1,320	1,390	1,390
7	G商品	14,180	15,000	1,240	1,240	1,300	1,300	910	1,300	1,300	1,300	1,240	1,240	1,300	1,310
8	H商品	10,140	10,000	830	830	870	870	610	870	870	870	830	830	870	870
9	I商品	9,060	9,000	740	740	780	780	550	780	780	780	740	740	780	780
10															
	合計	171,840	175,500	14,500	14,500	15,250	15,250	10,680	15,250	15,250	15,250	14,500	14,500	15,250	15,260

出所：中小企業庁「「経営力向上」のヒント～中小企業のための「会計」活用の手引き」（2016 年 3 月），40頁

1-9 まず利益計画をつくろう！

> **Q** 資金繰り予定表を作成するには，まず何からはじめればよいでしょうか？

A 資金繰り予定表は利益計画に基づいて作成するので，まず利益計画を作成することからはじめましょう。

解 説

1 利益計画は資金繰り予定表のベース

　資金繰り予定表の作成にあたっては，まず**予定のベースとなる「利益計画」**が必要となります。資金の動きは売上，仕入，経費に関するものが多いので，これらの計画の精度を上げる必要があります。資金繰り表では，通常の営業活動での収支を表す「経常収支」の部分になります。

　小規模・零細企業の場合は，経営者自らがすべての業務に携わっているので一人でこの計画を作ることができるでしょう。しかしある一定の規模ともなると売上計画・予算，仕入計画・予算，経費計画・予算，財務計画・予算というように，それぞれの業務を各担当部署が担うので経営者はそれらをまとめて調整，最終決定する役割となります。

2 利益を確保する！

　利益計画を作成するにあたり，自社にとって「利益はいくら必要なのか」をまず明確にしましょう。ここがしっかり固まらないと必要とされる売上高やそれに伴う売上原価や仕入，経費を計算することができません。事業を存続させるために最低限クリアしなければならないことは「必要利益を確保する」ことです。最悪でも赤字になることだけは回避しましょう。つまり**損益分岐点売上高を超える売上高**を計画する必要があります。ただし大幅な連続赤字を計上している場合，直ちに黒字に転換することはなかなか難しいので，毎期赤字幅を徐々に減少させ，必ず数年後には黒字に転換する計画にしましょう。

　ビジネスモデルがあまり変わらなければ，粗利率・原価率や経費の使い方は

大きく変わらないので過去の実績値を参考にします。ここでは損益分岐点売上高について学びましょう。

3　損益分岐点とは？

あなたの会社は「徐々に売上が下がっているが，まだ赤字にはなっていない」という状態ではありませんか。赤字企業は今や７割もあるのです。油断すると赤字チームに入ってしまいますので要注意です。

ではあなたの会社の黒字と赤字の境目である売上高はいくらか，把握していますか。この境目を「損益分岐点」といいます。現在赤字であれば，まずはこの売上高を最低限の目標にしなければなりません。**「利益＝売上高－費用（＝変動費＋固定費）」**です。下記の図でわかるように売上高線と総費用線が交わる売上高が「損益分岐点売上高」となります。

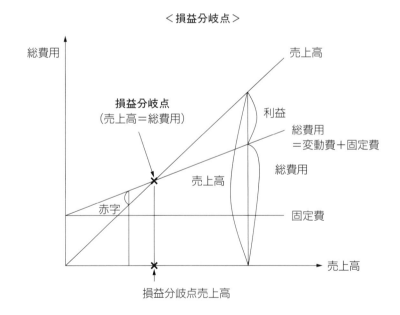

＜損益分岐点＞

4　変動損益計算書とは？

　すべての費用を，売上の増減に伴って変動する「変動費」（商品仕入，材料費，外注費等）と，変動せず一定額発生する「固定費」（人件費，地代家賃，リース料，支払利息等）に分けて表示した損益計算書を「変動損益計算書」といいます。

> **変動費**：商品仕入，材料費，外注費等
> **固定費**：人件費，地代家賃，リース料，支払利息等

　損益計算書は決算の時に必ずお目にかかるのでなじみ深いと思います。この損益計算書をもとに変動損益計算書に作り替えると，経営者の意思決定に役立つ数値情報を提供するものにレベルアップされるのです。聞きなれない言葉は**「限界利益」**でしょう。これは売上高から変動費を差引いたもので，売上が一単位増えるごとに一定の割合で増える利益のことをいいます。この一定の割合を「限界利益率」といいます。一般的には「粗利」「粗利率」とほぼ同じ意味です。

5　計算例

　売上高が5,000万円，限界利益率50％，減価償却費100万円を含む固定費が2,000万円の会社の税引前利益は500万円です。この会社が赤字に転落する損益分岐点売上高は4,000万円です。

> 損益分岐点売上高（4,000万円）＝ 固定費（2,000万円）÷ 限界利益率（50％）

＜現状と損益分岐点の比較＞

		（現状）	（単位：万円） （損益分岐点）
	売上高	5,000	4,000
－）	変動費	2,500	2,000
	限界利益（50％）	2,500	2,000
－）	固定費	2,000	2,000
	利益	500	0

　現在，損益分岐点までに売上高1,000（＝5,000－4,000）万円の余裕があります。これを**経営安全率**もしくは経営余裕率といいます。この会社の場合は20％

［(1−4,000/5,000)×100％］となります。これは売上高が20％下落しても赤字にはならない，余裕がある，ということを意味します。

6　利益を上げるためには？

変動損益計算書を図で表すと下記のようになります。

＜変動損益計算書＞

この図からもわかるように利益をあげるには，単純に次の3つの方法しかありません。

①　売上高を上げる
②　変動費率を下げる
③　固定費を削減する

それぞれの方法で財務・経営改善を図りましょう。とはいっても簡単に時間をかけずにできることから難しく長時間がかかることまで打ち手はいろいろあります。

変動費や固定費の削減は，支払を決める会社の意思でコントロールできるので，まず思いつくのは経費の中でも役員報酬削減でしょう。経営改善に真摯に取り組まず，必要利益を確保するために安易に経営者自身の役員報酬を減額して黒字化を図る方がいますが，この方法はやるべきことをやった結果，成果が表れなかった場合に行う最終手段です。何より経営者の経営意欲が減退してしまうでしょう。経営改善も進まずさらに業績が悪化することが目に見えています。

一方，売上高（単価×客数）の，特に客数については会社の意思で決めることはできません。「買う・買わない」「頼む・頼まない」はお客様が決定することなのです。会社の意思では決められないのです。ここに経営の難しさがあるの

ではないでしょうか。業績のよい会社は営業力と顧客管理を徹底し，良好な関係強化を常に図っています。あなたの会社の存続・成長・発展のカギを握るのはお客様なのです。お客様満足度を高める工夫をさらにすすめましょう。

7　収支分岐点

「勘定合って銭足らず」というように**「損益計算」と「収支（資金）計算」は異なる**ことに注意しなければなりません。多くの中小企業は金融機関から借入をしています。支払利息は経費になりますが，元金の返済は経費になりません。よって借入をしている場合，その返済額分まで考慮して損益分岐点から一歩踏み込んで「収支分岐点売上高」を計算する必要があります。

8　計算例

　先ほどの例で借入金がない場合，図のように損益分岐点売上高は4,000万円であり，資金も支出が伴わない経費である減価償却費分100万円が余りました。しかし借入金の元金の返済を400万円とすると，売上高は5,000万円，税引後利益は300万円確保しないと返済できません。**借入金の返済が資金繰りをいかに悪化させるか**，がよく理解できるでしょう。

<借入金の有無と資金繰りへの影響>

(単位：万円)

【損益計算】	借入返済：なし		借入返済：400
	（決算）	（損益分岐点）	（収支分岐点）
売上高	5,000	4,000	5,000
変動費	2,500	2,000	2,500
限界利益（50%）	2,500	2,000	2,500
固定費（内減価償却費100）	2,000	2,000	2,000
税引前利益	500	0	500
法人税等（40%）	200	0	200
税引後利益	300	0	300

【資金計算】			
税引後利益	300	0	300
減価償却費	100	100	100
借入返済	0	0	400
資金	400	100	0

9　据置期間後の資金繰り

　借入当初は返済できていた借入金が，売上高の下落や経費増大により業績が悪化し，返済難に陥っている会社がいまなお増えています。ましてコロナショックにより売上が激減した会社は，緊急融資により何とか事業の維持・継続を図っていますが，返済の据置期間が終了し，**いざ返済が始まると資金繰りにどのような影響が出てくるか**，心配です。今から据置期間後の資金繰り予定表を作成して確認することをおすすめします。大変な状況が予測されれば，それを回避し資金繰りの安定化を図るために経営改善や経営革新に取り組みましょう。

早めに将来を予測して，改善策を考える！

1-10 現金はいつ入り，いつ支払うか？

> **Q** 売掛金の回収予定と買掛金の支払予定はどのように立てるのでしょうか？

A 回収条件に基づいてまず売掛金回収予定表を作成し，その結果を資金繰り予定表に転記します。買掛金の支払いについても同様です。

解　説

1　回収計画とは？

　利益計画は利益を導き出すための損益計画です。これを現金が入る・出る，の資金計画に変えていきましょう。

　資金回収の視点から売上には次の2種類があります。

> **現金売上**：売上 → 現金回収
> **掛　売　上**：売上 → 売掛金 →（受取手形）→ 現金回収

　いわゆる現金商売であれば売上と収入が一致しますが，多くは掛取引なので収入までに時間がかかります。この売上を回収するまでの期間を「回収サイト」といいます。これは取引先毎に異なるので計画を作る際には，取引先毎の売上計画と回収サイトによりいつ入金するか，を確認する必要があります。よって次頁のような**「売掛金回収予定表」**を，受取手形があれば「受取手形期日管理表」を合わせて作成しましょう。ここでは手形取引がない売掛金回収予定表を見てみましょう。

2　売掛金回収予定表の作り方

　売掛金回収予定表を作成する流れは以下のようになります。記入例と合わせて解説します。

＜売掛金回収予定表（例）＞

【現金回収割合：売上当月10％，翌月70％，翌々月20％，５月売上実績17,000千円】　　　（単位：千円）

	実績	予定						現金回収合計
	6月	7月	8月	9月	10月	11月	12月	
売上	16,000	(2)15,000	(2)12,000	(2)18,000	(2)20,000	(2)17,000	(2)16,000	
現金回収月 7月	(1)11,200	(3)1,500						(4)16,100
8月	(1)3,200	(3)10,500	(3)1,200					(4)14,900
9月		(3)3,000	(3)8,400	(3)1,800				(4)13,200
10月			(3)2,400	(3)12,600	(3)2,000			(4)17,000
11月				(3)3,600	(3)14,000	(3)1,700		(4)19,300
12月					(3)4,000	(3)11,900	(3)1,600	(4)17,500
売掛金残高	(1)17,800	16,700	13,800	18,600	21,600	19,300	17,800	

⑴　売掛帳から予定を立てる前月の売掛金残高を回収予定月別に記入

　６月末の売掛金は「５月売上７月入金予定：3,400千円」と「６月売上７月入金予定：11,200千円，８月入金予定：3,200千円」の合計17,800千円です。なお，５月の売上は17,000千円（５月入金1,700千円，６月入金11,900千円，７月入金予定3,400千円）でした。

⑵　売上計画から各月に記入

　事前に作成した利益計画の売上計画から７月15,000千円，８月12,000千円というように各月に転記します。

⑶　⑵を取引先毎の回収条件等により回収予定月に記入

　回収条件は，「売上当月10％，翌月70％，翌々月20％」なので，例えば７月売上予定15,000千円は７月に1,500千円（15,000千円×10％），８月に10,500千円（15,000千円×70％），９月に3,000千円（15,000千円×20％）現金回収予定となります。

　(3)を記入する場合，取引先が多数あり取引先毎の回収条件に基づく計算に手間がかかる場合には，売上計画に対し前期同月の回収実績率等により計算する方法でも概算がわかればよいでしょう。

⑷　資金繰り予定表の各月の売掛金現金回収欄に転記

　それぞれの月に現金回収される金額を資金繰り予定表の各月に転記すれば終了です。

3　支払計画

　一方，仕入の支払いについても，売上と同様に次の2種類があります。

現金仕入：仕入 → 現金支払

掛 仕 入：仕入 → 買掛金 →（支払手形）→ 現金支払

　各取引先の支払条件や過去の実績に基づき「買掛金支払予定表」を作成し，そこから資金繰り予定表に転記します。売上代金の回収条件では相手が主導的になりがちですが，支払いのほうは自社の意向が反映されやすいので資金繰りの予定は立てやすいでしょう。

コラム 3　　会計を有効に活用する

　会社法432条では，「適時」「正確」な会計帳簿の作成を要請していることをご存じでしょうか。取引が発生したら速やかに記帳し，記録として残すことが，正しい会計につながるのです。まずはしっかりと「書ける」（多くは会計ソフトを利用）ようにしましょう。しかし，日頃忙しい，担当者もいない，等の理由から申告時にあわてて1年分帳簿をまとめて作成している会社があるのも事実です。しかし，このようなやり方は会社法違反です。何より期中に自社の経営・財務状況を正しく把握することができません。また借入を申し込む際にも，直近の試算表がないので現状を数字で説明することもできないでしょう。当然，評価は下がります。また，会社内で不正や間違いがあっても気づくことができません。このように考えると適時に記帳することは，税務署や金融機関のためでなく，何より会社自身のために必要不可欠であることが理解できるでしょう。

○決算書の信頼性を高めよう！

　決算書の信頼性をさらに高めるためには，今後，中小企業の会計ルールである「中小会計要領（指針）」に準拠することがポイントです。加えてその決算書

に「第三者である会計専門家による保証」も必要となるでしょう。たとえば，税理士が税務申告書の作成に際し，計算し，整理し，相談に応じた事項を明らかにして，税務申告書の適正性を表明した書面を添付する「税理士法第33条の2による書面添付」（コラム p.86参照）が大変有用となります。

○財務情報を有効に活用しよう！

　会計を積極的に活用するには，財務データを「使う」場面を決めることです。経営会議や取締役会等，及び会計事務所が来た時に経営幹部が集まり財務状況の説明を受けることもおすすめします。何らかの学びと気づきから新たな行動が生まれ，必ず経営改善につながります。

　経営者は経営に活かすために会計情報を早く知りたがっています。期中であれば財務データは概算でもよいので速やかに作成し報告することが大切です。また多くの企業は「勘定合って銭足らず」の状態に陥っているので資金繰り予定表の作成も必要になります。

　さらに税務署や金融機関といった外部報告のための「財務会計」から一歩踏み込んで会社の内部で役立つ「管理会計」に取り組みましょう。日常の会計実務では，「部課別」「商品群別」「取引先別」「店舗別」「担当者別」などの切り口で事業部門別に個別の損益状況を把握・検討することが大切です。このようなデータから「強み」「弱み」を把握し，改善策を検討・実施することで間違いなく業績は向上します。会計は「会社を強くする武器」なのです。

会計は“会社を強くする武器”

1-11 経費の支払いと借入金の返済

> **Q** 経費や借入金の返済は，資金繰り表のどこに記載するのでしょうか？

A 経費は利益計画から経常支出に，借入金の返済は返済予定表から財務支出にそれぞれ資金繰り予定表に記入します。

解　説

1　経費計画とは？

　経費の中でも大きなウェイトを占めるのが**人件費**です。採用や退職などの人員計画を踏まえて人件費予算を資金繰り予定表の経常支出に記入します。ここで注意すべきことは賞与についてです。利益計画を作成する際には賞与は年間見積額を12ヵ月で按分し各月に計上するのが一般的ですが，資金計算においては，一度に多額が支出されるので6月と12月に向けて定期積金等により資金を確保しておく必要があります。

　なお減価償却費については，利益計画に記載はあっても資金繰り表とは無関係です。これは経費であっても現金支出がないからです。

　支払利息は，借入金返済予定表により既存の借入金については金額がわかります。今後新たに借り入れる予定があれば概算計上するか，返済予定表を入手したときに修正すればよいでしょう。

2　経常外収入

　経常外収入には，**固定資産の売却収入等**があります。手元資金が減少し不安定になった場合，資金を増やすために事業遂行上，必要でない遊休資産を売却して資金を獲得する，ということも検討しましょう。

3　経常外支出

　一方，経常外支出には設備投資として**固定資産**の購入支出や税金の支払い等があります。この支出は経常収支の範囲が望ましい，とされますが，多額の投

資の場合にはこの額どころか手元の資金でも足りない場合があります。よって借入金に頼ることになりますが，当然その返済額が資金繰り予定表の中で捻出可能かを冷静に判断し，投資の意思決定をしなければなりません。倒産原因の1つに多額な借入による過大設備投資があることを忘れてはなりません。

4　決算資金

経常外支出には決算資金として法人税や消費税の**納税額**も概算で記入しておく必要があります。消費税については，ある程度の規模であれば税抜経理で仮受・仮払消費税額を，税込経理の場合には経費計上するタイミングや概算額を確認しておく必要があります。

5　財務収入

財務収入には，金融機関及び役員等からの長・短期の**借入金**，固定性預金の取崩し，増資があります。

6　財務支出

財務支出には長・短期借入金の返済，固定性預金の預入れがあります。長期借入金については，**借入金返済予定表**に基づき約定通りに記入します。間違いなく書換えできる短期借入金，いわゆる「短期継続融資」でも，記入を割愛してはいけません。金融機関は借入金による資金の調達と返済予定についてこの資金繰り予定表から実態を把握するので，返済期日に返済してまた借り入れる，と記入しましょう。

1-12 キャッシュフロー計算書とは？

Q キャッシュフロー計算書からどのようなことがわかるのでしょうか？

A キャッシュがどのような経営活動（営業・投資・財務）を通じて生まれ，使われたかがわかるので，経営課題の抽出に大変役立ちます。

解　説

1　キャッシュフロー計算書とは？

　決算において必ず作成する貸借対照表と損益計算書は総称して決算書とよばれ，経営者の方々にはなじみ深いと思います。しかしキャッシュフロー計算書となると，上場企業にはその作成義務がありますが，中小企業にはないので，あまり作成されていないのが現状です。

　貸借対照表は「一定時点の会社の財政状態」を，損益計算書は「一定期間の会社の経営成績」を表しています。そして「**一定期間にキャッシュ（資金）がどのような経営活動によって増減したかを表す収支計算書**」がキャッシュフロー計算書となります。

　資金繰り表は一定期間の将来にわたり，経営活動での「資金のやりくり」において会社の資金が不足しないか，をチェックし，もし不足が予測されればその対策を打つために作成されます。つまり「資金の先読み」ともいえるでしょう。一方キャッシュフロー計算書は，事後的に資金の流れを分類し，把握することで資金の増減が分析できるので，**原因の究明**と**解決策**を考える上で大変役立ちます。「勘定合って銭足らず」にお悩みの会社はそれぞれ作成して資金管理に役立てましょう。

<＜貸借対照表・損益計算書・キャッシュフロー計算書の関係①＞

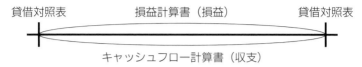

2　財務3表はつながっている！

　貸借対照表，損益計算書，キャッシュフロー計算書，この3つを**財務3表**と
よびます。それぞれは独立した無関係のものではなく，経営活動をそれぞれの
観点で見ているだけなので以下のようにつながり合っています。

---

① 　キャッシュフロー計算書を作成するには，最初に税引前当期純利益からス
　タートします。これは損益計算書の税引前当期純利益の額とつながっています。
② 　損益計算書の当期純利益は貸借対照表の純資産の部の利益剰余金の中に入っ
　ています。
③ 　貸借対照表の現金・預金等の残高はキャッシュフロー計算書の一番下の現金
　及び現金同等物の期末残高と，現金及び現金同等物の期首残高は前期の貸借対
　照表の現金・預金の残高とつながっています。

＜貸借対照表・損益計算書・キャッシュフロー計算書の関係②＞

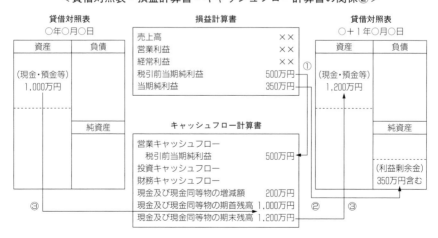

　会社の経営分析をする際には断片的でなく，この財務3表のつながりを意識して因果関係をチェックしましょう。悪い結果には必ずそうさせる原因があります。よい結果を導き出すためにはよい原因をつくることです。資金繰りの因果関係に着目して経営改善に取り組みましょう。

3　キャッシュフロー計算書で何がわかる？

　キャッシュフロー計算書は大きく次の3つの活動に分かれます。

＜キャッシュフロー計算書＞

自○年○月○日　至○年○月○日

（単位：万円）

Ⅰ	営業活動によるキャッシュフロー	
	税引前当期利益	500
	減価償却費	200
	有形固定資産売却益	−50
	売上債権の増加額	−100
	棚卸資産の増加額	−60
	仕入債務の減少額	−40
	法人税等の支払額	−150
	営業活動によるキャッシュフロー	300
Ⅱ	投資活動によるキャッシュフロー	
	有形固定資産売却よる収入	100
	有形固定資産取得による支出	−300
	投資活動によるキャッシュフロー	−200
Ⅲ	財務活動によるキャッシュフロー	
	短期借入れによる収入	200
	長期借入れによる収入	300
	長期借入金の返済による支出	−400
	財務活動によるキャッシュフロー	100
Ⅳ	現金及び現金同等物の増減額	200
Ⅴ	現金及び現金同等物の期首残高	1,000
Ⅵ	現金及び現金同等物の期末残高	1,200

⑴　営業活動によるキャッシュフロー

　会社が1年間の**本来の営業活動**により得たキャッシュの増減を表すのが「営業活動によるキャッシュフロー」です。税引前当期利益からスタートし売上債権・棚卸資産・買入債務の増減，固定資産の売却損益等を加算減算します。減

価償却費は支出を伴わない費用なので加算することをお忘れなく。算出された結果がプラスであることが望ましいことは言うまでもありません。仮にマイナスとなれば本業の収益性や回収・支払いの条件，在庫の状況を早急にチェックしましょう。

⑵　投資活動によるキャッシュフロー

　会社は継続していくことを前提に経営活動を行っています。そのためには将来の利益を獲得するために投資をしなければなりません。この投資活動によるキャッシュの増減結果を表すのが「投資活動によるキャッシュフロー」です。投資を行えばマイナスとなりますが，資金繰り改善のために遊休資産を売却してキャッシュを得た場合はプラスになります。

　投資額が営業キャッシュフローの範囲であることが望ましい，とされますが，多額の大規模投資ともなれば営業キャッシュフローを超える額は手持ちのキャッシュか借入金で補わなければなりません。

⑶　財務活動によるキャッシュフロー

　営業活動や投資活動は利益や繰越されたキャッシュで行いますが，それでも不足する場合には，新たに資金を調達しなければなりません。調達するには増資も１つの方法ですが，多くは金融機関からの借入で調達します。その返済についてもここに記載するので主に借入金の増減が表されます。よって「財務活動によるキャッシュフロー」は新たな借入金がなく返済のみを意味するマイナスとなることが望ましい，とされます。

4　キャッシュフローのパターン

　３つの活動による＋－によりいくつかのパターンと特徴が考えられます。あなたの会社はどのパターンでしょうか。

<キャッシュフローのパターンと経営状況>

キャッシュフロー（C/F）	①	②	③	④	⑤	⑥
営業活動	＋	＋	＋	－	－	－
投資活動	－	－	＋	＋	＋	－
財務活動	－	＋	－	－	＋	＋

① **安定成熟型**：本業のキャッシュフローから設備投資と借入金返済
② **積極経営型**：借入金で設備投資，事業拡大
③ **体質改善型**：遊休資産を整理して資金を増やし将来に備える
④ **事業衰退型**：遊休資産処分により事業資金と借入返済をまかなう
⑤ **借入依存型**：④でも間に合わず新たな借入により資金をつなぐ
⑥ **起死回生型**：借入による設備投資により本業のキャッシュフローマイナスを
　　　　　　　　挽回

まずは自分の会社のパターンを把握しよう！

第 **2** 章

気づく編

　会計の知識が増えてくると決算書や月次試算表，資金繰り表の内容が手に取るようにわかるようになります。自社の過去の数値や同業他社との比較により現状分析ができ，多くの「気づき」を得ることができます。この気づきが「経営課題の抽出」とその「原因分析」につながるのです。

　自社の経営計画や利益計画，資金繰り予定表と現状のギャップに気づき，その解決に向けて新たな行動を起こしましょう。

2-1 月次決算のススメ

> **Q** 当社は，年1回の決算で自社の経営成績や財政状態を把握していますが，このままでよいでしょうか？

A 経営環境が激変する昨今，年1回の決算時に業績を知るのでは遅すぎます。正確な月次試算表を作成して，毎月業績をチェックしましょう。

解　説

1　決算書は社長の通信簿

　子どもの勉強の成果を保護者が通信簿で確認・評価するように，日々の経営活動を金額で表している決算書は，まさに社長の通信簿です。年に1回ようやく通信簿を見る社長と，毎月見る社長の大きな違いは**「気づき」**の回数です。毎月12回＋決算1回＝年13回気づいている社長はその都度，適時に改善に向けて行動を起こしているので，年に1回のボンクラ社長に比べ結果に違いが生じるのは当たり前です。年に1回，決算書のみ作成の会社が，**月次試算表**を毎月作成したことで業績が向上した例は枚挙にいとまがありません。あなたの会社は月次試算表を作成しチェックしていますか？

2　月次試算表の作り方

　決算書は「会社の経営活動の結果を映し出す鏡」。その鏡が歪んでいては誤った情報となり，正しい経営判断ができません。正しく映し出されるように**「中小会計要領（または中小会計指針）」**に基づき適正な会計処理を行いましょう。

①　現金主義から発生主義へ

　代金を現金で回収した時に売上，現金で支払った時に経費に計上する「現金主義」では実際の取引と損益に計上されるタイミングに開きが生じてしまうため，正しい業績管理ができません。「期中：現金主義，期末：発生主義」で最後の決算の数字さえ合えば税金の計算には問題はない，と考える方がいます。会

計は税金計算のためだけではなく，経営者の意思決定に役立つものでなければいけません。特に粗利益率をしっかりチェックするために最低でも，売上高と仕入・外注費を取引が発生した時点で計上する**「発生主義」**にて，また人件費や多額の経費も同様に会計処理し，適正な経営状況の把握に努めましょう。また大きく在庫が変動すると粗利率に影響を及ぼします。この場合，期中であれば詳細な実地棚卸は大変なので帳簿上の額を，そこまで把握していなければ概算額だけでも計上しましょう。

②　減価償却費，賞与引当金の月割り計上

　毎月の試算表上では利益が出て，業績が向上したと喜んでいたら，最後の決算整理で減価償却費を一気に計上したら赤字転落，ということはありませんか。期首にある償却資産については，先に減価償却費の年額を計算し，単純に12ヵ月で割って減価償却費の概算月額を毎月計上すれば経費が平準化し**適切な損益計算**ができます。期中購入した資産があれば，その分の概算月額を加算すればよいでしょう。同様に年に2回支給する賞与も予定される年額を12ヵ月で割って賞与の概算月額を計上すれば利益の大きな変動を避けることができます。

③　消費税の経理方法

　消費税について小規模企業の場合，多くは簡便な方法の税込経理をしています。この場合，確定した消費税額を未払計上，または納税した時に経費処理することで損益が大きく変動してしまうので，過去の実績や利益計画を参考に概算額を月割り計上しましょう。ある程度の規模になれば税抜経理にし，仮受・仮払消費税で会計処理すれば損益に影響を及ぼさず，自ずと納税額もつかめるので資金繰りの予定もつきやすくなります。

2-2 比較して気づく！

> **Q** 月次試算表を作成していますが，自社の経営成績や財務状態の良し悪しは，どのようにしたらわかるのでしょうか？

(A) 自社の過去の数値や利益計画，同業他社の数値と比較することで良し悪しがわかります。特に目指すべきモデル像として同業他社の黒字・優良企業と比較することで経営課題に気づくことができます。

解　説

1　自社の過去と比較する

　すぐにできることは自社の過去の数値と比較することです。よく「売上高昨対〇％アップ」といいますね。前期比較は決算書，前期の同月比較は月次試算表を用います。経営は生きものですから「傾向」や「流れ」をつかむことが大切です。少なくとも過去 3 期分の決算書の比較をし，勘定科目毎の増減額，増減率をチェックすることで今後の**数値の予測**ができます。業績が悪く経営改善を図る場合には過去 5 期，企業再生の場合は過去10期分の比較が必要です。あなたの会社は過去と比べて成長できていますか？

2　自社の利益計画と比較する

　過去の次は未来に向けた「計画」と比べましょう。あなたの会社には利益計画がありますか？　経営計画を数値で表したものが「利益計画」です。そこにはこういう会社にするぞ，という「経営者の意思」が詰まっています。その意思が実現できているかを月次試算表で毎月チェックし，その進捗度を確認しましょう。常に「PDCA サイクル」（4-6参照）を意識して計画・予算と実績を比較することで気づき，改善につなげることが大切です。

3　同業他社と比較する

　「ウチの会社のことはよくわかりました。ところで他社と比べてウチは良いの

ですか？ 悪いのですか？」。自社の過去や計画との比較を行うと徐々に他社の数値が気になってきます。そこで同業他社と比較することで自社の良し悪しを知り，改善に向けての気づきを得ましょう。

比較する相手は黒字企業，できれば優良企業がよいでしょう。今や 7 割が赤字企業ですから，総平均と比べても意味はありません。理想の**モデル像と比較**することで「粗利率は 3 ％低いなぁ，売上と仕入の単価を見直そう」，「営業利益率が 5 ％低いということは経費のかけ方をチェックしなければいけないな」といった改善するポイントが見えてきます。これは健康診断をイメージするとわかりやすいです。検査結果が基準値と比べて高い・低い・範囲内の評価表を渡されます。たとえば肝機能を調べる「γ-GTP」が基準値よりも高い，と判定されると「これはまずい！」と気づき，「お酒の量を減らそう!!」と具体的な行動につながります。経営も同じですね。

同業他社の財務データと比較するには「ローカルベンチマークツール」を活用するとよいでしょう。財務分析では業種基準値と比較して評価点が出ます。まさに経営の通信簿ですね。

<＜ローカルベンチマークの財務指標＞>

指標	2016年 3 月		
	算出結果	貴社点数	業種基準値
①売上高増加率	10.4%	4	2.3%
②営業利益率	0.7%	3	1.4%
③労働生産性	913(千円)	3	541(千円)
④EBITDA 有利子負債倍率	2.7(倍)	3	4.5(倍)
⑤営業運転資本回転期間	1.2(ヵ月)	3	1.6(ヵ月)
⑥自己資本比率	35.4%	3	26.7%

総合評価点	19	B

出所：経済産業省「ローカルベンチマークツール「参考ツール」利用マニュアル（2017年 3 月改訂版）」，3 頁

2-3 売上動向を見える化する Z チャート

> **Q** 売上の季節変動が激しい飲食業を営んでいます。売上の前年同月比較はして
> いますが，売上の動向を把握するよい方法はありますか？

A 売上の動向を見える化するために"Z チャート"を作成することをおすすめし
ます。特に右肩下がりの Z になっていたら要注意です。早めに手を打ちましょ
う。

解　説

1　売上動向を見える化する「Z チャート」

　売上の増減は，資金繰りに影響を及ぼします。特に売上高の減少傾向が続い
ている場合には，この傾向にいち早く気づき，経営改善を図らなければなりま
せん。急激に減少すればその異常さを知ることができますが，じわりじわり減
少している場合，マンネリ感からそれに気づかず，新たな手を打つことが遅れ
る場合があります。いわゆる「ゆでガエル」状態です。売上高の推移・傾向を
見える化し，次の手を打つために「Z チャート」を作成することをおすすめしま
す。

2　Z チャートの威力

　8 店舗もつ小売業の方が「どうも資金繰りが思わしくなくなってきた」，と相
談に来られました。会計は，というといわゆるドンブリ勘定。そこで店舗別の
損益計算書と各店の売上を分析するために Z チャートを作成しました。すると
ある地域の 2 店舗が明らかに売上減少傾向にあり，その結果赤字になっている
ことが判明。資金が流出し続けているので，すぐにこの 2 店舗を閉め経営改善
を図りました。小売は季節変動が大きいため，売上の大きな推移をつかみきれ
ていなかったのと，他店の利益の中に 2 店舗の赤字分が吸収されていたので気
がつかなかったのです。

3 Z チャートをつくろう！

　図表のように「月々の売上」「売上の累計」「過去１年分の移動年計」の３つの折れ線グラフを１つのグラフに表したものを Z チャートといいます。文字通り「Z」の形になります。毎月の売上が大きく季節変動するような場合には，短期的に推移をつかむことは難しいので，この Z チャートにより長期的な視点で推移を分析することが大切です。

　当月の売上高に過去11ヵ月分の売上高を加算して直近１年分の売上高累計額を示したのが「移動年計」です。毎月じわりじわりと売上が増えていれば，このグラフは右肩上がりになります。しかし現在，多くの企業がこのグラフを作ると右肩下がりになっています。そうです，じわりじわりと売上高が減少しているのです。私は数字での説明に加え，このグラフを示し経営者に売上の現状を説明し，気づきを促しています。つまり，「このまま何も手を打たなければ，この先どういうことになるのか，おわかりですよね」と。右肩下がりを下げ止め，右肩上がりに転化させていくには経営改善，経営革新に取り組む必要があります。

＜売上推移を示す Z チャート＞

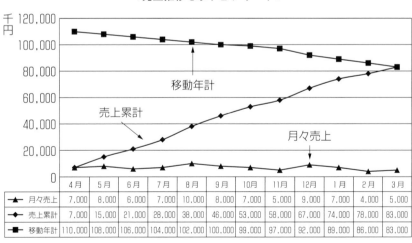

	4月	5月	6月	7月	8月	9月	10月	11月	12月	1月	2月	3月
▲ 月々売上	7,000	8,000	6,000	7,000	10,000	8,000	7,000	5,000	9,000	7,000	4,000	5,000
◆ 売上累計	7,000	15,000	21,000	28,000	38,000	46,000	53,000	58,000	67,000	74,000	78,000	83,000
■ 移動年計	110,000	108,000	106,000	104,000	102,000	100,000	99,000	97,000	92,000	89,000	86,000	83,000

2-4 儲かっているかは利益率と回転率で決まる！

> **Q** いつも資金繰りに追われており, 会社が儲かっているかが気になり始めました。何をチェックしたらよいでしょうか？

A 会社が儲かっていなければ資金繰りは安定しません。経営の良し悪しを判断する入口である「総資本利益率」をまずチェックしましょう。

解　説

1　儲ける力はあるか？

　あなたの会社は儲かっていますか？　会社の資金繰りを安定させるためには基本的に儲かっていなければいけません。儲かる力を判断するのが「収益性分析」です。たとえば次の2社は同じ利益を出していますが, 事業に投下した資本は異なります。どちらが儲かっていると思いますか。

	利　益	総資本
A 社	500万円	5,000万円
B 社	500万円	1億円

　経営活動により事業に費やした資本から効率よく利益を得られたか, を判断するのが**「総資本利益率」**です。A社は10%（500/5,000）, B社は5%（500/10,000）となります。同じ利益でもA社の方が2倍効率よく儲けていることがわかりますね。これをもう少し掘り下げて考えてみましょう。

2　利益率と資本効率

　「総資本利益率」を, 売上高から得られる経常利益の割合である「売上高経常利益率」と, 投下した資本が売上として何回, 回収されたかを意味する「総資本回転率」に分解して考えてみましょう。

$$売上高経常利益率（\%）= \frac{経常利益}{売上高} \times 100$$

$$総資本回転率（回）= \frac{売上高}{総資本}$$

売上高は A 社 4 億円，B 社 2 億円です。各指標は次のように計算されます。

	売上高	経常利益	売上高経常利益率	総資本	総資本回転率	総資本利益率
A 社	4 億円	500万円	1.25%	5,000万円	8 回	10%
B 社	2 億円	500万円	2.5%	1 億円	2 回	5 %

A 社は B 社に比べ利益率が低くなっています。しかし資本の回転が 4 倍も高くなっているのがわかります。その結果，総資本利益率は 2 倍になっています。利益率は低くても資本をうまく回転させて効率よく儲けた，といういわゆる「薄利多売」型のビジネスモデルといえるでしょう。

経営の良し悪しはこのように**「利益率」×「回転率」**で判断されます。あなたの会社はいかがでしょうか？

3　総資本利益率を高めるために

上の計算式からわかるように，まず「売上高経常利益率」を高めるために損益計算書の「売上高」から「経常利益」まで，**効率よく利益が生み出されているか**のプロセスをチェックしましょう。

次に「総資本回転率」を高めるために，分母の**総資本を圧縮**することはできないか，を貸借対照表でチェックし，たとえば不良債権・在庫の処分，事業への貢献度が低い遊休資産の整理などを検討しましょう。

2-5 短期と長期の視点でチェックする！

> **Q** 今のところ何とか資金を回していますが，いつも不安です。これから先，安心して経営できるのか心配です。

Ⓐ 資金繰りが安定しないと安心して経営ができません。短期的・長期的な視点から資金繰りの安全性をチェックしてみましょう。

解　説

1　安全性分析とは？

　赤字でなく利益が出ていても倒産する会社はあります。**「黒字倒産」**です。黒字続きだから，と安心していてはいけません。資金が枯渇すれば会社は倒産してしまいます。逆に赤字続きでも資金が続けば，会社は存続できます。企業の約7割が赤字ですが，金融機関や社長からの借入金で何とか資金繰りを回して倒産せずに事業を続けています。しかしこれは決して安全な状態とはいえません。自社の資金繰りの状態が安全といえるのか，短期，長期の2つの視点から「安全性分析」にてチェックしましょう。

2　「短期的な資金繰り」のチェックポイント

　事業活動においては，仕入や経費，借入の返済などの支払が常に伴います。「1年程度の**短期間**，滞りなくきちんと**支払う能力**があるのか」を次の2つの観点からチェックしましょう。

> ① 「一時点」において，支払に要する資金が充分に確保されているか？
> ② 「一定期間」において，売上などによる収入で仕入れや経費などの支払ができるのか？

　コロナショックにおいては，平時に予定していた売上が激減したため資金繰りが悪化し，経費等の支払のために急いで融資を申し込んだ会社が多くありま

した。それだけ平時から手元資金(キャッシュポジション)が少なく,**ギリギリの資金繰り**で何とか経営を継続していた会社が多かった,ということです。

3 「長期的な資金繰り」のチェックポイント

一方,1年を超える長期的な視点では,「財務構造が安定しているか」をチェックします。経営活動にあたり資金調達は健全かどうか,つまり売上から得られる利益の額が減少している場合,資金を獲得する力が減退していることになります。この収益性が低下すると資金を調達するにあたって他の方法をとらざるを得ません。すぐできる方法は社長から借りることです。この場合,金融機関と違って返済を迫られないので,多くは返済どころか借入残高が増え続けるのが中小企業の実態です。次に金融機関からの借入により資金を調達します。これは返済しなければならないので「他人資本」とよばれます。参考までに資本金や税引後利益は自社のものですから「自己資本」とよばれます。これらを合わせて「総資本」といいます。総資本に占める他人資本の割合が大きい,すなわち返済しなければならないものの割合が高いと財務状況は不安定になります。これがさらに進み,総資産よりも負債のほうが多くなると「債務超過」となり,大変危険な財務状態となります。**赤字続きと債務超過**の状態は危険極まりないので,金融機関から新たな借入はなかなか難しいことを肝に銘じておいてください。

資産超過 / 債務超過

2-6 支払能力はあるか？

> **Q** 取引先への支払いができるかいつも心配です。支払能力があるのかどうか，どうチェックしたらよいでしょうか？

A 流動比率と当座比率，経常収支比率を計算して，短期的な支払能力をチェックしましょう。

解 説

1 流動比率とは？

仕入代金の支払いや短期借入金の返済をすることで資金が減ることになる流動負債に対して，売上代金の入金や売掛金の回収により資金が増える流動資産がどれだけあるかがわかる指標が流動比率です。

この指標は高いほど短期的な支払能力が高い，ということになります。逆にいつも資金繰りに追われている，という状態であれば間違いなくこの指標は低くなっています。

$$流動比率（\%）= \frac{流動資産}{流動負債} \times 100$$

流動資産には，現金預金，受取手形，売掛金，棚卸資産があります。このうち受取手形，売掛金，棚卸資産は現金になるまで時間がかかることに注意しなければなりません。この分も考慮して流動比率は余裕をもって最低 **150%程度** はほしいところです。

なかなか回収が進まず貸倒れになるかもしれない不良債権や売れないデッドストック（死蔵品）があれば，その分を売掛金や棚卸資産から除外して実態を反映した数値にて計算，評価しなければなりません。

2 当座比率とは？

流動資産のうち棚卸資産は，仕入れてから売上，売掛金となりやがて回収と

いうプロセスを経るため，資金化するまで一番時間がかかります。より短期的な支払能力をチェックするために，流動資産から棚卸資産を除いた「当座資産」と流動負債で計算するのが「当座比率」です。これは最低でも**100%**は保持しましょう。

$$当座比率（\%）= \frac{当座資産}{流動負債} \times 100$$

3　経常収支比率とは？

　一定期間における支払能力をみるのが「経常収支比率」です。通常の営業活動で得られる売上代金などが主な収入となる「経常収入」と仕入代金や人件費などの諸経費の支払による支出の「経常支出」を比較します。

$$経常収支比率（\%）= \frac{経常収入}{経常支出} \times 100$$

　経常収入で経常支出をまかなうためには，この比率は**100%以上**でなければいけません。仮に100％を切ると，借入などでその分を埋めなければ資金はショートしてしまいます。流動比率や当座比率は一定時点での分析なので，経常収支比率にて常にチェックし，資金繰りの安定化を図ることが大切です。

常に自社の状況をチェックする！

2-7 財務基盤は盤石か？

> **Q** 今のところ短期的な支払いはできていますが，激変する経営環境の中，今後耐えられるかが気になってきました。

A 安定かつ健全な経営を行うためには借入等の他人資本に頼らず，自前の資本である自己資本の割合を高める必要があります。

解　説

1　自己資本を高めよう！

　長期的な財務構造の安定性をチェックするには，総資本のうち返済不要である自己資本の割合である「自己資本比率」を計算してみましょう。

$$自己資本比率（\%）= \frac{自己資本}{総資本} \times 100$$

　財務基盤が脆弱な中小企業の多くは，資本の調達を金融機関からの借入金，すなわち他人資本に頼っています。その結果，自己資本比率が低くなっています。健全な財務構造にするためには，黒字企業平均の**40%**を目指しましょう。そのためには適正な利益を上げ，税引後の利益を内部留保することです。これは貸借対照表の「繰越利益剰余金」という勘定科目に表れてきます。ちゃんと税金を納め資本を蓄えてきた証ですので，金融機関は特にチェックしている科目です。また増資をして資本金を増額させることでも自己資本比率は高まります。一定の内部留保と資金を得るまでは，資金の支出を伴う過度な節税対策は慎むべきでしょう。**「節税貧乏」**になっては元も子もありません。

2　固定比率とは？

　減価償却という形で資金の回収に長い時間がかかる建物，機械などの固定資産への投資は，返済不要の自己資本でまかないましょう。よってこの指標は**100%以下**が望ましいといえます。

$$固定比率（\%）= \frac{固定資産 + 繰延資産}{自己資本} \times 100$$

3 固定長期適合率

そうはいっても，高額な固定資産の取得となると自己資金では間に合わず，多くは借入金に頼らざるを得ません。そこで固定比率の分母に長期借入金などの固定負債を加えて計算するのが「固定長期適合率」です。

$$固定長期適合率（\%）= \frac{固定資産 + 繰延資産}{自己資本 + 固定負債} \times 100$$

固定資産への投資金額の回収には長い相当の期間が必要となるので，借入により取得する場合には，その資産の耐用年数に見合った返済期間であるかを検討しましょう。この指標は**100％以下**が望ましいのですが，100％を超えている場合，つまり図表のように固定資産への投資が一部，金融機関からの「短期借入金」などの流動負債でまかなわれている状態は要注意です。前に解説した流動比率を思い出してください。流動比率が100％を下回っていることになりますね。よって短期的な資金繰りが厳しくなることが容易に想像できます。多額の設備投資をする際には，その調達資金は**自己資本か長期借入金**でなければいけません。特に借入金で土地を取得する場合，他の固定資産と違って土地は減価償却できないので税引後利益が返済の財源となります。取得の際には，十分資金繰りにご注意ください。

<注意すべき例>

(単位：百万円)

流動資産 28	流動負債 35
【流動比率：80％】	
固定資産 62	固定負債 45
【固定長期適合率：110％】	
	自己資本 20
繰延資産 10	

2-8 資金繰りチェックポイント①：現預金と利益の増減

> **Q** 月次試算表や資金繰り実績表を見る時，どこからチェックしたらよいでしょうか？

A まず手元資金の増減をチェックし，その増減内容の因果関係を分析しましょう。また経常収支比率が100％を下回ると事業の存続が心配です。常にチェックしましょう。

解　説

1 現預金と利益の増減

当月末の手元の現金・預金が期首の残高と比較してどれだけ増減したか，をまず月次試算表にてチェックしましょう。

次に，その増減額と利益額とを比較します。多くは現金・預金の増減額と利益額は一致しません。「勘定合って銭足らず」が起こるのです。その一致しない額の原因をきちんと把握し，少しでも金額の差を縮めるために資金繰りの具体的な改善を行いましょう。

また，資金繰りの円滑化のためには，手元の現金・預金はなるべく多い状態を保ちたいものです。よく「キャッシュポジションが高い，低い」などといわれますが，要は**緊急事態が発生しても手元の現金・預金で耐えられるだけ余裕のある額**か否かの意味です。現金・預金を健全に増やすには「利益」を増やすことしかありません。売上を増やし経費を減らして利益を増やす経営努力をしましょう。また金融機関から借り入れて現金・預金を増やすこともももちろん可能です。しかしこの場合，元金返済と利息の支払が必要となるので，手持ちの現金・預金が増えたからといって喜んではいられません。やむなく増やさざるを得ない場合，それが前向きなものか，後ろ向きなものか，原因を把握し改善に努めましょう。

2　社長からの借入金

　社長からの借入金で資金を増やすこともできます。金融機関からの借入に比べこちらは返済や利息を迫られることはなく，臨機応変に手軽に資金調達ができるため多くの会社で行われています。資金繰りが大変なので借入しているくらいですから，返済はしないどころか増える一方の会社が多く見受けられます。このような状態であれば貸借対照表上では固定負債の部に「役員等借入金」として金融機関からの借入金と区分して別途表示すべきです。なぜなら金融機関が決算書を評価，分析する際のチェック項目の1つになっているからです。かつての金融検査マニュアル別冊中小企業編では，返済不要とする経営者等からの借入金は **「自己資本とみなす」** とされていたので，実態貸借対照表に修正して「自己資本比率」を計算した場合，大きく結果が異なってきます。

3　経常収支

　通常の事業活動の結果，得られた資金の額を表しているのが資金繰り表の「経常収支」です。この額がマイナスとなっていれば，事業自体（ビジネスモデル）に何らかの問題，欠陥があると捉える必要があります。一生懸命，日々の経営活動をした結果がマイナスともなれば，今後の事業継続が心配です。ここは最大のチェックポイントです。経常収支比率は **100%** 以上なければいけません。

　金融機関からの借入金の元金返済はここから行います。よって経常収支額はその額を上回っていなければ返済不可能となってしまいます。また将来の利益を獲得するために設備投資をする際の資金原資もこの経常収支からが望ましいとされますが，多くの会社は資金の余裕がないため借入金に依存しているのが実態です。そしてその返済が資金繰りに窮する原因になるので，投資の意思決定は慎重にしましょう。

2-9 資金繰りチェックポイント②：収益と収入

> **Q** 収益と収入の金額が一致しません。売上が上がるほどその差が開いていきます。なぜでしょうか？

Ⓐ その大きな原因は売掛金や受取手形の「売上債権」の存在にあります。資金繰りの入り口である収入の回収サイトをチェックし，管理の徹底化を図りましょう。

解　説

1 「収益」と「収入」の違いは？

　多くの会社では，損益計算書の売上や雑収入などの「総収益」と当期間に実際に資金として入金になった「経常収入」は必ずしも一致せず，「収益＞収入」となり売り上げた後に収入が遅れてやってきます。**「損益計算」と「資金計算」は異なる**のです。一致するのは図のような「現金商売」といわれる「売上＝現金収入」となる商売です。

| 現金 | 売上 |

　逆に，売上を計上する前に収入を先に得てしまう販売方法が実在します。たとえば書籍の予約販売や前売り・早割りチケット，商品券などは先に代金が得られるので「前受金」となります。これは資金繰り上，大変ありがたい勘定科目です。このビジネスモデルを参考にいかに早く・確実に収入を得るか改善を図りましょう。資金繰りは**「入り早く，出は遅く」**が鉄則です。

2 原因は売上債権

　受取手形や売掛金を売上債権といいます。ここでは売掛金に絞って解説します。売掛金は，企業の信用に基づき，現時点ではなく将来の現金の受取りを約束した未収入金です。よって売上が発生してもその代金が入金されるまでにはある一定の時間がかかることを忘れてはいけません。売上が増加して利益が増えても確実に回収・入金がなければ資金繰り上，全く意味がありません。回収

リスクがあるような得意先には多少値引きしてでも早期に回収を図るなど，**債権管理を強化**する必要があります。

　売掛金は期首と月末・期末の残高を比較して資金繰りへの影響をチェックしましょう。下記の図表からわかるように「期首＝月末・期末」であれば「収益＝収入」となり問題ありません。しかし「期首＜月末・期末」となると「収益＞収入」となり「勘定合って銭足らず」の原因となります。この場合は要注意です。逆に「期首＞月末・期末」となると資金は増えるので売掛金の早期回収に努めましょう。

＜注意すべき売掛金の状態は？＞

売掛金		売掛金		売掛金	
期首 300	月末・期末 300	期首 300	月末・期末 400	期首 300	月末・期末 200
売上 700	入金 700	売上 700	入金 600	売上 700	入金 800
（収益＝収入）		（収益＞収入）		（収益＜収入）	

3　得意先別方針検討表と今後の方針

　資金繰り改善にむけて，まず得意先ごとの回収サイト（sight：決済期限）や粗利率，売上割合の現状を把握するために「得意先別方針検討表」を作成し，今後の営業戦略に活かしましょう。

＜（例）得意先別方針検討表＞

得意先	締日	回収日	回収サイト	粗利率	売上割合	取引方針
Ａ社	20日	翌月末	40日	25%	30%	△滞留有。管理
Ｂ社	25日	翌々月末	65日	15%	60%	○サイト短縮依頼
Ｃ社	末日	翌月末	30日	25%	10%	◎営業強化

　決算書や試算表に表れる売掛金額は得意先の合計金額なので，過去からの推移などを確認した後は，今後の営業戦略を立案するために個別の**得意先の取引条件や内容，回収サイト，回収状況**の現状を分析することが大切です。(例)の場合は次のような方針を立てました。

A社：すでに滞留が発生しているので回収リスクがある。管理を強化し与信限度額までの取引厳守，一部現金決済にかえる。

B社：多額の取引額がありメインではあるが，回収期間が長いため好条件を提示し回収を早める。

C社：取引は始まったばかりだが回収サイト，粗利率とも他社に比べ条件がよいので，売上割合を高めるよう営業を強化する。

　このように営業戦略を考え，意思決定をする際には**会計・現場データ**が大変役に立ちます。有効に活用し，**会計で会社を強くしましょう。**

4　債権管理を怠ると…

　会社が売掛金を回収してから買掛金を支払うことができれば収支ズレは生じず，資金繰りは安定します。逆に売掛金が予定よりも遅れたり回収不能になることで，買掛金の支払いが先行するようになると，収支ズレは拡大し資金ショートの可能性が高まり，やがては倒産に追い込まれてしまいます。

　中小企業の経営者は売上高の動向に最大の関心を持ちますが，同様に回収にまで関心を持たなければいけません。**「回収なくして売上なし」**ですから，営業マン毎の売上代金回収率までチェックする必要があります。万が一，売掛債権が貸倒れとなり回収不可能となった場合，回収の遅れ以上に資金繰りにダメージを与えます。金額によっては会社の存亡をも左右するのです。

5　貸倒れを取り戻すには？

　たとえば売上高1,000万円，仕入700万円，利益率30%の取引があったとします。販売時の1,000万円は売掛金となり，やがて回収されます。同様に仕入700万円は買掛金となり，やがて支払います。その結果，現金300万円が利益として新たに得られ，利益＝現金となります。

　しかしこの取引において買掛金の支払いは通常に行われる一方，売掛金が得意先の業績不振により貸倒れとなったら，どのようなことが起こるのでしょうか。利益は300万円計上されますが，貸倒損失として費用が1,000万円計上されることで損失700万円となってしまいます。その時の資金の計算は仕入代金の支払700万円のみで，貸倒れにより予定されていた資金の増加は 0 です。資金の計算は－700万円となってしまうのです。

<通常の取引の場合>

(単位：万円)

（損益計算）				（資金計算）	
売上	1,000	売掛金	→	入金	1,000
仕入	700	買掛金	→	出金	－700
利益	300			残高	300

<貸倒れが発生した場合>

(単位：万円)

（損益計算）				（資金計算）	
売上	1,000	売掛金	→	貸倒れ	0
仕入	700	買掛金	→	出金	－700
利益	300			残高	－700
貸倒損失	1,000				
損失	－700				

　この－700万円を挽回するのと同時に，当初予定していた300万円を得るためにはいくらの売上が必要になるでしょうか。700＋300＝1,000万円という単純計算ではなく，3,333（＝1,000÷利益率30%）万円の売上が必要となるのです。

<損失を取り戻して利益も出す場合>

(単位：万円)

（損益計算）				（資金計算）	
売上	3,333	売掛金	→	入金	3,333
仕入	2,333	買掛金	→	出金	－2,333
利益	1,000	(利益率30%)		残高	1,000

貸倒損失がいかに資金繰りに大きな影響を与えるかがわかります。よってそのような事態が起こらないよう，取引先の経営状況や売掛金の年齢調べ等をチェックし**債権管理**を徹底する必要があります。

6　売掛金年齢調べとは？

売掛金合計××円，の内容を取引先別に，そして売掛金の発生した月ごとに分類し一覧にしたものが「売掛金年齢調べ」です。回収が滞っている**債権の発生状況を見える化**し，今後発生する恐れがある貸倒れを回避するために具体的な対策を講じることが大切です。得意先名の次に担当者名を入れ，担当者ごとの回収率なども調べるとよいでしょう。いわゆる「いい人」ほど回収率が低い傾向があるので要注意です。

＜売掛金年齢調べ＞

○年○月○日現在

得意先名	担当者	与信限度額	売掛金合計	売上分						
				当月	1ヵ月前	2ヵ月前	3ヵ月前	3ヵ月超 6ヵ月前	6ヵ月超 1年内	1年超
A	甲	6,000,000	5,000,000	2,500,000	2,500,000					
B	甲	4,000,000	3,000,000	3,000,000						
C	乙	5,000,000	4,500,000	0	0	2,000,000	2,000,000	500,000		
D	丙	2,000,000	1,500,000	1,500,000						
E	丙	7,000,000	6,500,000	0	0	0	2,000,000	2,000,000	2,000,000	500,000
F	甲	3,000,000	2,000,000	2,000,000						
G	乙	3,000,000	2,500,000	1,000,000	1,000,000	500,000				
合計		30,000,000	25,000,000	10,000,000	3,500,000	2,500,000	4,000,000	2,500,000	2,000,000	500,000
			100.0%	40.0%	14.0%	10.0%	16.0%	10.0%	8.0%	2.0%

回収条件通りの月に売掛金が分類されていれば問題ありません。これは正常債権です。しかしそれが過ぎても未回収であればそれは不良債権化する恐れがあります。「もうちょっと待って，大きな仕事が入りそうだから」などと言い訳されて先送りされてはいませんか。1ヵ月分の支払いができない会社が2ヵ月，3ヵ月溜まった金額を一度に支払うことができるのでしょうか。常識的に考えればわかりそうなことですが，今までのしがらみ等からズルズルと，がよくあるパターンです。ここは厳しい姿勢で対応しなければいけません。支払期限や

与信限度額，担保等，今後の取引条件を明確に相手に伝えて債権管理を強化する必要があります。また相手の問題もさることながら，会社側にも問題がある場合があります。資金繰りに大きな影響を及ぼす売掛債権ですから，今，改めて自社の債権管理体制を見直してみましょう。

7　中小企業のセーフティネット「経営セーフティ共済」とは？

　そうはいっても自助努力で貸倒れを回避するにも限界があります。万が一貸倒れが発生した時に備えて「経営セーフティ共済（中小企業倒産防止共済制度）」に加入することをおすすめします（3-10参照）。これは取引先事業者が倒産した際に，中小企業が連鎖倒産や経営難に陥ることを防ぐための制度で，無担保・無保証人で掛金の最高10倍（上限8,000万円）まで借入でき，掛金は損金または必要経費になるので節税にもなります。掛金月額は，5,000円から20万円までの範囲（5,000円単位）で自由に選択でき掛金総額が800万円に達するまで積み立てることができます。

「経営セーフティ共済」は，万が一の貸倒れに備える制度！

2-10 資金繰りチェックポイント③：費用と支出, 在庫

> **Q** 費用と支出の金額が一致しません。また在庫が増える傾向にあります。資金
> 繰りにどう影響するでしょうか？

A 収益・収入同様, その大きな原因は買掛金や支払手形の「買入債務」の存在に
あります。また在庫が増えることは資金繰りに悪影響を及ぼしますので, 改善
が必要です。

解　説

1　費用と支出の違い

　収益と収入で解説した理由と同じように多くの会社では, 損益計算書の売上
原価や人件費, 諸経費などの「総費用」と当期間に実際に資金として支出した
「経常支出」は必ずしも一致しません。「前受金」の逆で, 先に支払いをしてし
まう予約購入や手付金などの「前払金」があるとさらにその差が広がります。
ここでは「いかに支出を遅らせるか」がポイントです。

2　原因は「買入債務」

　支払手形や買掛金を買入債務といいます。ここでは買掛金に絞って解説しま
す。買掛金は売掛金の逆で, 企業の信用に基づき, 現時点ではなく将来の現金
の支払いを約束した未払金です。よって仕入が発生してもその代金を支払うま
である一定の時間をかけられる, つまりそれだけ手元に資金を置いておくこと
ができるので助かる, ということです。

　買掛金は期首と月末・期末の残高を比較して資金繰りへの影響をチェックし
ましょう。次頁の図表からわかるように「期首＜月末・期末」となると「費用＞
支出」となり資金繰り上良好といえます。逆になると支払を急いだ結果, 支出
が増え資金繰りに悪影響を及ぼすことになります。

<注意すべき買掛金の状態は？>

買掛金	
月末・期末 300	期首 300
支払 700	仕入 700

（費用＝支出）

買掛金	
月末・期末 200	期首 300
支払 800	仕入 700

（費用＜支出）

買掛金	
月末・期末 400	期首 300
支払 600	仕入 700

（費用＞支出）

3　三方よし

　自社の資金繰りのことを思えば，なるべく「出は遅く」です。一方相手にとっては「入りは早く」ですから，支払をやみくもに遅らせることは仕入先の資金繰りを悪化させる原因になるので注意しなければなりません。相手にとって「入りが遅い」が高じれば，有益な情報提供の減少やヒット商品の納品が遅れるなど取引関係が悪化する可能性が高まります。信用不安の誤解から悪い噂が広がるかもしれません。**「売り手よし，買い手よし，世間よし」**の「三方よし」は事業を継続していくうえでとても大切な考えです。支払条件の変更を申し入れる際には，今後の影響も十分考慮しましょう。

4　在庫もチェック

　仕入れたものがすべて売れれば在庫はなくなり「仕入→支出→売上原価」となり支出と費用は一致します。しかし一部が売れ残り在庫となると，仕入代金はすべて支払っているにもかかわらず在庫を引いたもののみが売上原価として費用になるので，支出と費用は一致しません。次頁の図表のように在庫が期首よりも期末が増えた場合「支出＞費用」となり資金繰りにはマイナスとなります。一方，その逆は「支出＜費用」となるのでプラスとなります。在庫の廃棄処分は売れれば得られた札束を放り捨てるようなものです。このような意識を

現場では常にもち，仕入管理，在庫管理を強化して売れるものを仕入れ，在庫期間を短縮し，**早く売り資金にかえる**，を実践しましょう。

<注意すべき在庫の状態は？>

棚卸資産	
期首 300	月末・期末 300
仕入 （支出） 700	原価 （費用） 700

（費用＝支出）

棚卸資産	
期首 300	月末・期末 400
仕入 （支出） 700	原価 （費用） 600

（費用＜支出）

棚卸資産	
期首 300	月末・期末 200
仕入 （支出） 700	原価 （費用） 800

（費用＞支出）

5　3種類の在庫

在庫には次の3種類があります。あなたの会社に今ある在庫はどれに該当するでしょうか？

> **財庫**：粗利が高く常時売れるので回転もよく保管コストがかからないため利益貢献度が高いもの。
> **在庫**：通常ある定番のもの。
> **罪庫**：あまり売れないため回転が悪く保管料もかかりデッドストックになりがちなもの。しまいには陳腐化・破損により廃棄処分になる。

仕入管理と在庫管理を徹底するためには下記の**商品別方針検討表**を作成し，以下のように今後の方針を検討しましょう。

<商品別方針検討表>

商品	構成比	利益率	回転期間	仕入単価	在庫コスト	リスク
A	20%	40%	10日	130万円	0円	有（生鮮品）
B	30%	35%	20日	120万円	20万円	無
C	50%	30%	30日	100万円	40万円	有（輸入品）

商品A：回転期間が短いため足が速く在庫コストもかからない。仕入単価は高いが利益率も高い。ただ売上に占める割合がまだ低いため，今後販売強化し収益獲得に努めるが仕入単価が高いので運転資金の調達を検討する。

商品B：在庫管理を強化し回転期間を短縮させることで在庫コストの削減を図る。

商品C：売上構成こそ高いが利益率が低い。回転期間も長いためデッドストックの不安と在庫コスト負担も増える。さらに輸入というリスクもあるため商品A・Bの販売増により売上構成を下げ，直接輸入でなく利益率が低下しても国内代理店からの仕入れに替えることでリスク低減を図ることを検討する。

コラム4　パレートの法則

「2：8の法則」ともいわれるパレートの法則とは，「上位2割の顧客が，8割の売上を作り出す」，「上位2割の商品で8割の売上を作っている」というように「全体の上位2割によって（原因），物事の8割が構成されている（結果）」という経験則です。この2割の顧客や商品を戦略的に重点管理することにより，効率的かつ効果的に成果を上げることができるので，現場データを基に売上や仕入，在庫の管理に役立てるとよいですね。

2-11 資金繰りチェックポイント④：投資と借入

> **Q** 今のところ経常収支はプラスですが，毎月の借入返済ができるか，また新たな設備投資が資金繰りにどう影響するか心配です。

A 借入金の返済額や設備投資予定額が経常収支の範囲でおさまるか，おさまらない場合は不足分をどう調達したらよいかを検討しましょう。

解　説

1　望ましい姿

　今まで解説した資金繰りのチェック内容は，通常の経営活動の中から売上などにより得られる経常収入，そして仕入や諸経費で費やされる経常支出，この差引による**経常収支**の範囲でした。この経常収支から設備投資を行い借入金を返済し，それでも資金が残る，という図表の状況が，望ましいといえるでしょう。

　しかし財務基盤が脆弱な中小企業はこのようにはいかず，以下の状態に陥っている場合があります。自社の状況を改めて再チェックしましょう。

＜望ましい姿＞

	固定資産購入
経常収支	借入金返済
	資金

2　手持ち資金で設備投資

　経常収支を超える設備投資を行う場合，図表のように手元資金を使ってこの不足分を埋めることになります。手元資金（キャッシュポジション）は円滑な資金繰りのために，**一定量（概ね月商の3ヵ月分）**を確保しておく必要があります。この手元資金を設備投資に費やした結果，

＜不安定な状況＞

経常収支	固定資産購入
資金不足 （**手元資金**）	借入金返済

キャッシュポジションが低下し，日々の資金繰りに支障が出る恐れがないか，設備投資の内容，金額も含めて十分検討が必要です。

3　借入に頼った設備投資

　経常収支を超え手元資金でもまかないきれないほどの多額の設備投資を行うには，図表のように資金調達手段として金融機関からの借入金に頼らざるを得ません。この場合，設備投資効果による売上増加や新たな借入金の返済分も含めた資金繰り予定表において，経常収支内での返済可能性や金利負担などを慎重に検討する必要があります。なぜなら倒産企業の原因の1つに**「借入による過大設備投資」**が挙げられており，命取りにもなりかねないからです。社長の重大な意思決定には，「経験・勘・度胸」に加えて**「正確な会計データ」**が必要です。設備投資の判断にも会計を有効活用しましょう。

＜借入に頼った状況＞

経常収支	固定資産購入
資金不足 （新たな借入金）	
資金不足 （手元資金）	借入金返済

4　借入金の返済が厳しい

　借入金の返済額が経常収支を超えてしまっている会社があります。通常の経営活動で得られる資金では間に合わず，不足が生じる厳しい状態です。借入当初は返済できていても業績悪化による売上高減少等により，経常収支額が減少してしまった結果です。この不足分を埋めるには手元資金を使うか，新たな融資に頼るか，現状の資金繰りに合わせた返済額に返済条件の緩和（リスケジュール）を依頼するか，などの検討が必要です。いずれにしても資金繰り予定表を基に早めに金融機関に相談することをおすすめします。

＜返済が厳しい状況＞

経常収支	固定資産購入	
資金不足 （手元資金）	借入金返済	借入金当初返済額
資金不足	△返済条件 の緩和 （リスケジュール）	

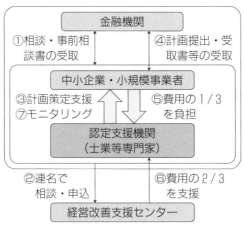

コラム 5　早期経営改善計画策定支援

　中小企業の経営改善への意識を高めて，早期段階からの対応を促すため，経営改善計画策定支援事業のスキームを活用し，中小企業が簡易な経営改善（早期経営改善計画の策定）に取り組むことにより，平常時から資金繰り管理や採算管理等が行えるように支援措置「早期経営改善計画策定支援事業」が講じられていることはご存じでしょうか。

　本事業は，資金繰り管理や採算管理など基本的な内容の経営改善の取組みを必要とする事業者が対象となります。税理士や金融機関等による認定支援機関たる専門家の支援を受けることにより，資金実績・計画表やビジネスモデル俯瞰図などの早期の経営改善計画を策定し，金融機関へ提出することで，今後の自己の経営について見直し，早期の経営改善を促すものです。早期経営改善計画策定支援に要する計画策定費用及びモニタリング費用の総額については，経営改善支援センターが，3分の2（上限20万円）を負担するので費用負担が軽減されます。

＜早期経営改善計画策定支援事業のしくみ＞

出所：中小企業庁ホームページ掲載のパンフレット「資金繰り管理や採算管理等の早期の経営改善を支援します」

○早く経営課題に気づくことが大事！

　資金繰りが厳しくなり，金融機関に借入金の条件変更等の金融支援を申し入れる企業が後を絶ちません。事業計画や経営計画を策定している中小企業は残念ながら決して多くありません。

　一方，毎期，事業計画や経営計画を策定し，モニタリング（予実対比等）を行い，常日ごろから業績管理を行っている会社は，総じて業績は良好です。早い段階で経営課題に気づき，経営改善に取り組みやすい環境が整備されれば，経営改善の加速化が図られます。つまり資金実績・計画表や損益計画を今まで作ったことがない事業者が，本支援事業を通じて計画を策定できるようになれば，業績管理体制（PDCAサイクル）の定着化が期待できます。早期に「予防」措置を講ずることで，金融支援を含めた多大な労力を要する「治療」にまで至らないケースが間違いなく増えるでしょう。金融機関にとっても経営状況や経営計画等の把握ができるため，事業性評価に役立てることが可能となります。

　また，従来の経営改善計画策定支援事業においては，金融支援が条件とされていたため，経営改善計画の同意を得るためのバンクミーティングの開催や経営改善計画の再作成等，金融機関との調整に時間がかかっていました。よって早期に経営改善に着手できず，業績の悪化がさらに進行したケースが散見されました。本事業は，条件変更等に至る前の早期段階で認定支援機関や金融機関に経営相談を行い，経営改善に向けて早期着手を促すスキームとなっているので，その効果は高まるでしょう。

経営課題に早く気づいて認定支援機関や金融機関に相談することが大事！

2-12 運転資金とは？

> **Q**　現在売上が増え続けて嬉しいのですが，逆に資金繰りが以前に比べて厳しく
> なってきたと感じます。なぜでしょうか？

A　売上が増えて会社が成長すると運転資金がさらに必要になります。売上増大に
合わせて運転資金を調達しないと資金繰りが厳しくなります。

解　説

1　運転資金とは？

一般的な営業活動の流れは次のようになります。

①　商品の仕入（**買掛金**の発生）⇒ 仕入れた商品＝**棚卸資産**（在庫）

②　商品の販売（**売掛金**の発生）

③　仕入代金（買掛金）の**支払**（**支出：現金マイナス**）

④　売上代金（売掛金）の**回収**（**収入：現金プラス**）

すべての取引を現金で決済，在庫はなし，という形態はあまりなく，多くは
受取手形や売掛金の「売上債権」，「棚卸資産（在庫）」，支払手形や買掛金の「買
入債務」が存在します。ここでは売掛金，棚卸資産，買掛金に絞って解説しま
す。

たとえば，次のような取引が行われた場合を考えてみましょう。

ⓐ　商品を仕入れ，代金は現金で支払わずに買掛金とする。

ⓑ　仕入れてから10日後に販売するが，代金はすぐに現金で回収できず売掛金と
なる。

ⓒ　20日後に買掛金を仕入先に支払う。

ⓓ　30日後に売掛金が現金で回収される。

これをみてわかるとおり，仕入代金（買掛金）を支払ってから販売代金（売掛
金）を回収するまで20日間空いてしまいます。販売代金を回収する前に仕入代金
を支払ってしまっているからです。この空白の期間がポイントです。この**収支**

がズレた分の資金を調達しなければ人件費や諸経費などの支払いができず，営業活動が停止してしまいます。一時的に調達が必要となるこの資金を**「運転資金」**といいます。この要調達額が増えれば増えるほど資金繰りは厳しくなるので要注意です。

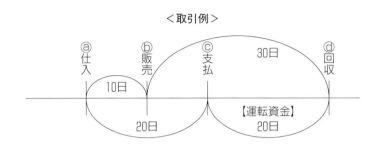

＜取引例＞

2　運転資金の計算

　具体的に必要とされる運転資金の調達額は次のように計算します。

> **運転資金の調達額 ＝ 売掛金 ＋ 棚卸資産 － 買掛金**

　たとえば売掛金が700万円，棚卸資産が300万円，買掛金が400万円ある会社は運転資金として600万円（＝700＋300－400）調達する必要があります（下図参照）。一度自社の**必要運転資金**を計算してみましょう。

＜運転資金の計算＞

売掛金 700万円	買掛金 400万円
	運転資金 600万円
棚卸資産 300万円	

2-13 回転期間を計算してみよう！

> **Q** 売上が増加傾向にあります。早めに必要運転資金を調達しなければと考えていますが，どのように計算したらよいでしょうか？

A まず売掛金，棚卸資産，買掛金の回転期間を計算します。これをもとに売上が増えた場合に必要になる運転資金の額を計算しましょう。

解　説

1　運転資金がさらに必要になるケース

次のようなことが起こると運転資金がさらに必要になり資金繰りに影響が出てくるので注意しましょう。

> ① **売上が伸びているとき（売掛金が増える）**
> 　事業の拡大や大きな季節変動等により売上が急増すると，売掛金も当然増えるので必要な運転資金も増えます。
> ② **在庫が増えているとき（棚卸資産が増える）**
> 　棚卸資産は，「仕入（買掛金→支出）→在庫→売上（売掛金→収入）」という流れで仕入から売上まである程度の期間を要します。在庫である期間が長いほど回収までの期間も長くなります。
> ③ **回収が遅れ支払いを早めているとき（売掛金が増える，買掛金が減る）**
> 　売掛金の回収サイトが伸びて入金が遅れたり，買掛金の支払サイトが短くなり支払が早くなると資金が減少します。

2　回転期間を計算してみる

以上のことが今後予測されたり，すでに起こっている時には，売掛金，棚卸資産，買掛金の回転期間により増加運転資金を計算してみましょう。

たとえば年間売上高1億円，売掛金1,000万円，棚卸資産500万円，買掛金700万円の会社の運転資金の調達高は800万円になります。

売掛金1,000万円＋棚卸資産500万円－買掛金700万円＝800万円

この場合，回転期間は次のようになります。

① **売掛金の回転期間**：販売してから代金を回収するまでの期間

$$\frac{売掛金}{年間売上高}=\frac{1,000万円}{1億円}\times365日=37日$$

② **棚卸資産の回転期間**：仕入れてから販売するまでの期間

$$\frac{棚卸資産}{年間売上高}=\frac{500万円}{1億円}\times365日=18日$$

③ **買掛金の回転期間**：仕入れてから代金を支払うまでの期間

$$\frac{買掛金}{年間売上高}=\frac{700万円}{1億円}\times365日=26日$$

なおこれらは1日当たりの売上高をベースに計算します。

「回転期間」という言葉は聞きなれないかもしれません。「回転」とは売掛金や棚卸資産といった資産や買掛金のような負債が形を変えて入れ替わることを指します。たとえば売り上げた時の「売掛金」は何日か経過して「現金」という形で回収されます。そしてまた売り上げて「売掛金」，やがて回収して「現金」，このような繰り返しが1年で何回行われるかが**「回転数」**，1回転の期間が**「回転期間」**となります。

　この例では，仕入れてから販売するまでに18日，仕入れてから支払いまで26日，販売してから入金になるまで37日かかるこの会社が必要になる運転資金は29日分となります。売上約1ヵ月分の運転資金を調達しなければ資金繰りが厳しくなることがわかります。

棚卸資産の回転期間18日＋売掛金の回転期間37日－買掛金の回転期間26日＝29日

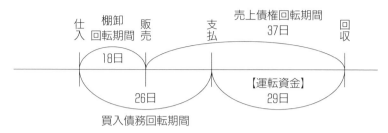
＜各回転期間と運転資金の関係＞

資金繰りを改善するには，この29日を**短縮**させる必要があります。次の3つのポイントに沿ってできることから実践しましょう。

> ①　1日でも早く回収する
> ②　1日でも遅く支払う
> ③　1日でも早く売り在庫を減らす

3　運転資金の要調達率

上記の例の場合，運転資金800万円は年間売上1億円の8％となります。これが運転資金の要調達率です。

$$運転資金の要調達率（\%）＝\frac{運転資金}{年間売上高} \times 100$$

これにより，取引条件等は変わらない前提で，売上が増加した時，あとどれだけの運転資金の調達が新たに必要になってくるか，が計算できます。

$$運転資金の要調達額 ＝ 売上高の増加額 \times 運転資金の要調達率$$

この例の会社があと売上を20％アップして1.2億円の売上を見込んだ場合，運転資金は新たに160万円（＝2,000万円×8％）調達が必要となります。

4 運転資金がさらに必要になる計算例

　前例の年間売上高1億円，売掛金1,000万円，棚卸資産500万円，買掛金700万円の会社が，事業を拡大し売上を30％アップして1.3億円となった場合，売上が3,000万円増えることで運転資金の要調達額が233万円増えることになります。

＜売上が30％アップした場合の運転資金＞

	現状	売上30％アップ	増減
売上高	1億円	1.3億円	3,000万円
売掛金	1,000万円	1,318万円*1	318万円
回転期間	37日	37日	0
棚卸資産	500万円	641万円*2	141万円
回転期間	18日	18日	0
買掛金	700万円	926万円*3	226万円
回転期間	26日	26日	0
運転資金の調達高	800万円	1,033万円*4	233万円
調達期間	29日	29日	0

＊1　1.3億円×37日/365日　　＊2　1.3億円×18日/365日
＊3　1.3億円×26日/365日　　＊4　1.3億円×29日/365日

5 入りは遅く出は早く，在庫も増えた場合

　売上をアップさせるために，回収サイトが長い新規の得意先を開拓したため売掛金の回収期間が延び(37日→42日)，同時に在庫も増えたため棚卸資産の回転期間も延び(18日→23日)，一方，支払サイトが短い取引先からの仕入れが増えてきたため買掛金の回転期間が短くなった(26日→21日)場合，新たな運転資金の調達はどれだけ必要になるでしょうか？

<回収サイトが長い得意先，支払サイトが短い取引先が増えた場合>

	現状	②回転期間変更	増減
売上高	1億円	1.3億円	3,000万円
売掛金	1,000万円	1,496万円 *1	496万円
回転期間	37日	**42日**	5日
棚卸資産	500万円	819万円 *2	319万円
回転期間	18日	**23日**	5日
買掛金	700万円	748万円 *3	48万円
回転期間	26日	**21日**	－5日
運転資金の調達高	800万円	1,567万円 *4	767万円
調達期間	29日	44日	15日

＊1　1.3億円×42日/365日　　＊2　1.3億円×23日/365日
＊3　1.3億円×21日/365日　　＊4　1.3億円×44日/365日

　各回転期間に変化がない場合は3,000万円の売上増に対して運転資金の調達は233万円でしたが，同じ売上増でも入りが遅く，在庫も増える一方，出は早くなると運転資金の調達は767万円も増加します。

6　入りは早く出は遅く，在庫も減った場合

　仮に上記の例の逆を行った場合，どうなるでしょうか？

　回収サイトが短い新規の得意先を開拓したため売掛金の回収期間が短縮（37日→32日），営業強化して販売スピードを上げ棚卸資産の回転期間も短縮（18日→13日），一方，支払サイトが長い取引先からの仕入れが増えてきたため買掛金の回転期間が長くなった（26日→31日）場合，新たな運転資金の調達はどれだけ必要になるでしょうか？

<回収サイトが短い得意先，支払サイトが長い取引先が増えた場合>

	現状	②回転期間変更	増減
売上高	1億円	1.3億円	3,000万円
売掛金	1,000万円	1,140万円*1	140万円
回転期間	37日	**32日**	－5日
棚卸資産	500万円	463万円*2	－37万円
回転期間	18日	**13日**	－5日
買掛金	700万円	1,104万円*3	404万円
回転期間	26日	**31日**	5日
運転資金の調達高	800万円	499万円*4	－301万円
調達期間	29日	14日	－15日

＊1　1.3億円×32日/365日　　＊2　1.3億円×13日/365日
＊3　1.3億円×31日/365日　　＊4　1.3億円×14日/365日

　同じ売上増でも入りが早く，在庫は減り，出は遅くなると運転資金の調達は301万円も減少するのです。いかに回転期間が資金繰りに影響を及ぼすかご理解いただけたでしょう。この**運転資金の調達高を少なくする**ことが資金繰り改善の大きなポイントなのです。

7　増加運転資金を抑えるには？

　上記のように具体的な回転期間を計算すると改善に向けてのポイントが見えてきます。回収サイトが短くても在庫でいる期間が長ければ仕入・在庫管理を徹底すべきです。またこれらの回転期間についてはどんぶり勘定ではなく，各**「得意先」「商品」「仕入先」**ごとに個別に取引状況や回収・支払のサイトを確認し，資金繰り改善にむけて相手と具体的に交渉することが大切です。

コラム
6

決算書・申告書の信頼性が高まる書面添付制度とは？

　書面添付制度とは，税理士が税理士法第33条の2に基づき，関与先の税務申告書の提出に際して，自ら「計算し，整理し，又は相談に応じた事項」を記載した書面を添付する制度です。添付された書面に虚偽の記載があった場合，税理士は懲戒処分の対象になるので命がけです。近年金融機関にも書面添付の有用性が理解され，審査や事業性評価にも活用されるようになってきました。会社には次のメリットがあります。

(1)　申告書の質の向上

　決算書・申告書の作成過程において，会社からの相談内容や税理士が行った会計処理判断・税務処理判断等を添付書面に記載することで，決算書と申告書の質が高まり信頼性が向上します。

(2)　税務調査の省略，効率化

　書面添付をすると，税務調査対象となる前に税理士に記載内容についての意見が求められます（意見聴取）。ここで疑問点が解決できれば「調査省略」となるので，不要な税務調査を回避できます。また実地調査に移行した場合でも，事前の意見聴取を踏まえて行われるので，質疑や資料の開示，時間の短縮などで負担が軽減されます。

(3)　財務経営力の強化

　添付書面の記載にあたり，税理士は会社の経営状況を詳細に知る必要があります。特に科目（売上高，原価，粗利，人件費，販売促進費，売掛金，買掛金，在庫，借入金など）の増減については，経営者から説明を受けなければ記載は不可能です。これにより経営者は，経営状況を再確認すると同時に今後の改善策などを考えるきっかけになります。また金融機関に決算報告をするうえでもポイントが明確になります。つまり書面添付を通じて「会計で会社を強くする」ことができるのです。また「経営者保証ガイドライン」（3-6参照）の運用にあたっては，法人・個人の一体性の解消等の要件について添付書面に記載されていれば，金融機関の検討において有益な情報となります。金融機関は外部専門家である税理士等による検証を受けているという判断にもなるので，税理士も積極的・具体的に記載する必要があります。

　「書面添付制度」を今回初めて知った，という方も多いのではないでしょうか。会社が取り組みたくても，こればかりは税理士の協力が必要不可欠です。決算書・申告書の信頼性向上のために，是非お取り組みください。

第3章

動く編

　伸びる会社と旧態依然とした会社の違いはこの「動く」にあります。問題や課題を解決するためにどう具体的に「動く」のか？　知識がいくらあっても動かなければ結果は決して変わりません。

　ここでは，借入という形での資金調達であれば，どこからどのように，いくら借りるのか，売上であれば売上アップ戦略の立案，また経費削減や返済困難に陥った場合のリスケジュール等について学び，具体的に動きましょう。

3-1 いろいろある金融機関と特徴

> **Q** 金融機関へ融資のお願いに行こうと思いますが，いろいろあって迷っています。どこを選んだらよいでしょうか？

A 金融機関にはそれぞれ特徴があります。無理に背伸びせず会社の規模等に合った金融機関を選択するとよいでしょう。

解　説

1　金融機関の種類

民間の金融機関にはいくつかの業態があり，次の特徴があります。

(1)　都市銀行

いわゆるメガバンクといわれる都市銀行は，大都市に本店を，県庁所在地などの都市部に支店を置き広域に展開している銀行です。企業規模が大きく体力もあるため，主に**大企業と中堅企業クラス**が取引の対象となり，低金利で多額の資金を供給しています。

(2)　地方銀行

地方銀行には，全国地方銀行協会に属し当初から地方銀行として地域密着型で金融サービスを展開している第一地方銀行と，多くがかつて相互銀行であった第二地方銀行協会に属する第二地方銀行があります。現在では両者を総称して地方銀行といい，業務内容にかわりはありません。**ある程度の規模の中小企業**は主に地方銀行と取引をするようになります。

(3)　信用金庫

信用金庫は信用金庫法に基づいて設立された協同組織です。営業エリアが限定されているので**地域的中小企業専門**の金融機関といえるでしょう。従業員300人以下または資本金9億円以下の事業者が対象となります。

⑷　信用組合

　信用組合は中小企業等協同組合法に基づいて設立されています。従業員300人以下または資本金3億円以下の事業者（卸売業は100人または1億円，小売業は50人または5千万円，サービス業は100人または5千万円）が対象となります。

　地方銀行が県と隣県を中心として展開しているのに対し，信用金庫と信用組合は，県内か県内の部分的エリアが営業範囲となります。**人的密着型できめ細かいサービス**が売りとなりますが，その分規模の大きい金融機関に比較して金利も高めとなる傾向が見られます。

2　身の丈に合った金融機関を！

　自社の規模や業歴，業績，財務内容等に照らして，それぞれの特徴を理解した上でお付き合いする金融機関を選びましょう。無理して背伸びすることは禁物です。創業間もなければ信用金庫や信用組合との取引からはじめるのがよいでしょう。やがて取引規模や預金・借入額が増すと自ずと地方銀行，やがては都市銀行等，新たな金融機関からお声がかかります。ただしお誘いに乗って安易にメインの金融機関を変えるのも考え物です。

　社員8人の建設業者の話です。好景気時に都市銀行が熱心に超低金利を提案してきたので，メインの地方銀行からの借入金を全額借換えました。金利負担が軽減されたと思っていたのも束の間，リーマンショックで急激に業績が悪化した瞬間，都市銀行は一気に借入金の引揚げに走ったのです。

　地方銀行等は地方の地域経済の成長・発展をミッションとしています。経営はいつもうまくいくとは限りません。単純に金利の高低だけでなく，自社への理解や経営支援等のサービス，提案内容等も評価して，**身の丈に合った金融機関**と末永いお付き合いをしましょう。

3-2 日本政策金融公庫とは？

> **Q**　創業資金を借りたいのですが，銀行等はよい返事をしてくれません。日本政策金融公庫を紹介されたのですが，利用できますか？

A　政府系金融機関である日本政策金融公庫は国の政策実現のため，創業支援等の政策金融を実施しています。

解　説

1　日本政策金融公庫とは？

　政府が経済発展，国民生活の安定などの一定の政策を実現する目的で100％出資した政府系金融機関が日本政策金融公庫です。国の政策の下，民間金融機関の補完を旨としつつ，社会のニーズに対応して種々の手法により，主に「国民生活事業」，「農林水産事業」，「中小企業事業」等の業務構成により政策金融を機動的に実施しています。民間金融機関と大きく異なり預金取引は行っていません。民間金融機関は預かった資金をもとに融資をしますが，日本政策金融公庫は預金取引を行っていないので貸出金の原資は税金です。よって**返済の実績，信用を何より重視**しています。

　営利を第1の目的とせず，**国の政策の実現**に沿って積極的な融資活動を行っているので，経済状況が悪化したり，災害が発生した時には政府系金融機関として活発な資金繰り支援を行っています。

2　創業支援の国民生活事業

　創業資金の借入をしたい創業予定者が民間金融機関に相談に行ってもなかなかよい返事はもらえません。創業計画を作成していてもその実現可能性は誰も保証できないので「とりあえずまず1期やってみて決算書ができたらまた相談にお越しください」となるのです。途方に暮れた創業予定者はそこであきらめなければならないのでしょうか。いや，そういう方のために日本政策金融公庫の国民生活事業は**創業融資や小口融資**により支援をしています。女性や若者，

シニアの経営者に対しても特別金利により金利負担を軽減して積極的に支援しています。民間金融機関がリスクを考えて手を出せない所を国策として補完しているのです。個人事業主や多くの中小企業の窓口はまずこの国民生活事業となります。中小企業事業は，比較的規模の大きな会社が対象となり高額で長期の貸付を扱っています。なお融資にあたっては，民間金融機関からの借入で多く用いられる信用保証協会の利用はないので信用保証料はかかりません。信用保証協会の保証枠とは別で対応可能となることも覚えておきましょう。

3　マル経融資とは？

　特徴的な融資としては，「小規模事業者経営改善資金」略して「マル経融資」があります。これは，商工会議所や商工会などの経営指導を受けている小規模事業者の商工業者が，経営改善に必要な資金を**無担保・無保証人，特別利率**という優遇された内容で利用できる制度です。この他にも政策実現のためにさまざまな優遇された融資制度があるので資金需要が生じた際には必ずチェックしましょう。

創業融資制度等を積極的に活用しよう！

3-3 いろいろある融資の種類と特徴

> **Q** 融資をお願いに行こうと思いますが，いろいろな種類があって迷っています。それぞれの特徴を教えてください。

A 融資方法は主に4つあります。それぞれに特徴があるので借入の目的，金額，返済期間等に沿ったものを選びましょう。

解　説

1　融資を受けるときに考えること

資金を借りる必要性が生じ金融機関に申込みに行く時には，改めて次の項目を自問自答しましょう。

- ●「なぜ借入をする**必要**があるのか」
- ●「借入金を**何に使おう**としているのか」
- ●「借入金は**何年かけて返す**のか」
- ●「借入金を**返済する財源確保**はできるのか」
- ●「途中**返済不能**に陥る心配はないか」
- ●「金融機関と**信頼関係**が築き上げられているか」
- ●「どのような**融資方法**がよいのか」

明確な回答ができなければ金融機関の質問にしどろもどろになってしまい心証を悪くするでしょう。的確な提案も受けづらくなってしまいます。この申込みの入口を誤ると，後々返済に窮して資金繰りを悪化させることにもなりかねないので十分気をつけましょう。

融資方法には主に**証書貸付，手形貸付，当座貸越，手形割引**があります。それぞれ以下の特徴があるので自社の状況に合ったものを選択しましょう。

2　証書貸付とは？

貸付金額，金利，返済方法・期間などの条件が記載された「金銭消費貸借契

約証書」を交わして貸付を行うことを「証書貸付」，略して「証貸（しょうがし）」といいます。数年間の返済期間を定め，毎月，元金の返済と利息の支払いをします。一般的に長い期間借りる時に使われるので主に設備資金の貸付に利用されます。

借入金の返済方法には「元金均等償還」と「元利均等償還」があります。

(1) 元金均等償還

元金均等償還は，**毎月一定額の元金返済と利息の支払い**を行う方法です。事業資金の場合，多くはこの返済方法になります。借りた直後は借入残高がまだあり利息額も多くなるので，元金分と合わせると資金の流出額が多額になります。しかし元金返済が進むにつれ，徐々に利息額も減っていくので負担も軽減されます。

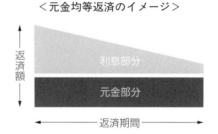

(2) 元利均等償還

一方，元利均等償還の場合，**元金と利息を合わせた月々の返済額は一定額**となるため資金繰りの予定がつけやすくなります。よって主に個人の住宅ローンで用いられています。しかしその内容を見ると借りた直後の返済額の多くは利息です。元金が減るスピードは遅くなるので，元金均等償還に比べて利息の総額は多くなります。

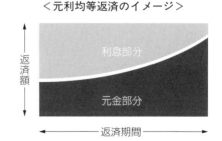

(3) 金利

金利には「変動金利」と「固定金利」があります。**固定金利**であれば借入時において計算した金利が返済期日まで固定されます。しかし**変動金利**の場合は，経済情勢等により途中変動するのでその金利負担額は増減します。

3　手形貸付

　手形貸付とは，約束手形を振り出して借りる方法です。略して「手貸（てがし）」といいます。証書貸付は毎月返済するのに対して，手形貸付の場合は，振り出した約束手形を期日に決済することで借入金の返済とします。つまり**返済期間が1年以内の短期間，その期間中の返済額がない**，これが証書貸付と大きく異なる点です。もっともその決済日には借入金全額の返済が求められますが，業績に問題がない会社の場合，返済期日に手形を書き換えることで，実質的に借入したままにしておくことが行われています（図表参照）。これは短期で借りたものをまた継続する（短期継続融資），転がすという意味から「短コロ」ともよばれています。

<(例) 短期継続融資（短コロ）>

短期借入金	期 末 現 在 高				
借入先	○1年	○2年	○3年	○4年	○5年
△△銀行××支店	500万円	500万円	500万円	500万円	500万円

　このように営業活動において発生する収支ズレである**正常運転資金の調達**に手形貸付が用いられます。その資金には回収リスクが少ないために，書換えにより借入が継続されていきます。しかし基本は返済期日が決まっているので，その時の業績が悪化傾向にあるような場合にはその書換えに応じてもらえない，となると返済しなければなりません。これが一時問題視された「貸しはがし」「貸し渋り」の実態です。そうならないよう業績管理を徹底し，経営の磨き上げを図る必要があります。

　また，返済期間が1年以内なので，季節変動がある業種や建設業の立替資金，および賞与資金，納税資金などの一時的に不足しても後に返済可能となる資金の借入にも用いられます。

　よって手形貸付で得た資金を設備投資などの長期的な資金に用いることは絶対に避けなければなりません。**「運転資金は短期」「設備資金は長期」**が大原則です。

4　当座貸越

　金融機関と借入可能な融資極度額を設定し，その範囲で借入と返済ができ，残高に対する金利を支払う融資方法が当座貸越です。借入の申込など，その都度の手続は不要です。ただし自由度が高い分，資金使途や返済原資が不明確な場合があるため，金融機関としてはリスクが高まるので審査を厳しく，金利も一般的に高めに設定します。

　当座貸越には，専用当座貸越と一般当座貸越があります。**専用当座貸越**は当座預金口座なしで開設でき，専用の支払伝票等により専用当座貸越の極度額の範囲で自由に借入・返済ができますが，小切手，手形の振出・決済等はできません。

　一方，**一般当座貸越**は，当座預金における小切手，手形の振出・決済等を行い，残高が不足した場合には極度額まで自動的に融資が行われます。

5　手形割引

　売上代金を手形で受け取る場合，期日まで現金化されません。現金化を急ぐためにそれを金融機関に額面で裏書譲渡し，期日までの利息に相当する割引料を差引いて受け取るのが手形割引です。万が一，手形の振出人が期日に支払不能となった場合には，手形を買い戻すリスクもあるので，振出した企業の**信用状態**は常にチェックしましょう。

各融資方法の特徴をしっかり理解しよう！

コラム7　動いて成果を上げる経営者になるには？

　本書で学び，気づいたことは，具体的に動かないと成果は生まれません。「やらなければいけないことはわかってますよ，でもね，忙しくてなかなかできないんですよ」業績が悪い経営者ほど，この言い訳をして動いていません。平等に与えられた1日24時間の中で成果を上げることを経営者は求められています。時間管理を徹底し，仕事を「緊急度」「重要・難易度」という2つの軸により次の4つの領域に分け考えてみましょう。

<仕事の4つの領域>

```
                緊急度
                 ↑
                 高

          Ⅱ           Ⅰ        重
                               要
                       高        ・
    低 ←─────────┼─────────→   難
                               易
                               度
          Ⅳ           Ⅲ

                 低↓
```

　第Ⅰ領域は，締切り・納期に追われ，かつ重要な仕事の領域です。「忙しい」「大変だ」を連発し，ストレスが溜まる方はこの領域から脱却できずにいるのでしょう。実際，多くの仕事がこの領域に属します。緊急といっても実は事前にスケジュール管理をしっかりしていれば，もう少し余裕をもって仕事ができる場合があります。日頃のんびり過ごし，締切り間際でドタバタしているようではクオリティの高い仕事はできません。

　第Ⅱ領域は，「何だかいつも忙しくしているのだが，結果がさっぱり出ないなぁ」というぼやきの領域です。当たり前です。「重要でない」から「結果」につながらないのです。せっかく立てたスケジュールを意味のない電話やメールのチェック，アポなしの来客に乱されることはありませんか。とりあえず忙しくしているので仕事をやった気になり充実感だけはありますが，創り出した価値をシビアに評価すべきです。経営者でなくてもできるような仕事は代わりの者に任せ，経営者でなくてはできない重要な仕事に時間を割くべきです。

　第Ⅲ領域は，経営ビジョンを考える，経営計画や戦略・戦術を策定する，社員と対話し育成する，情報を収集する，金融機関との関係強化に努める，といつ

た経営者の仕事として一番大事な領域です。誰もがその大切さを理解していますが，実際はなかなかできていません。なぜでしょうか？　そう，重要であるが緊急でないためについ優先順位が低くなり，いつまで経っても手をつけられないのです。「やらないとってわかっているけど日々忙しくて結局やれないんだよね」という言い訳が聞こえてきそうです。

　業績がよい会社の経営者はまさに価値あるこの領域に時間を割いています。業績の悪い会社の経営者は，他の領域からシフトして本来やるべきこの領域の仕事に時間を使うようにしましょう。

　特に事業承継は必ずしなければならないにもかかわらず，経営者の高齢化が止まりません。事業承継計画を策定し来るべき承継時に向けて経営の見える化・磨き上げを図る必要があります。

　この表は実際の事業承継で活用できます。日々の仕事を承継する際に，まず社長自身が行っている仕事を１つひとつリストアップし「すぐに簡単に承継できるもの」と「時間をかけて承継する重要なもの」とに分類しましょう。これに基づきメリハリをつけて社長の仕事を徐々に承継することで事業承継が円滑に進みます。

　第Ⅳ領域は，第Ⅰ領域と全く逆です。ストレス発散やリラックスは適度に必要ですが，時間の使い方としては実にもったいない領域です。

　さて，あなたは日々どの領域の仕事に時間を費やし，期待される成果を上げていますか？

3-4 短期継続融資とは？

> **Q** 証書貸付で運転資金を調達しており，毎月の返済額が資金繰りを圧迫しています。何かよい改善方法はないでしょうか？

Ⓐ 正常運転資金についての借入は手形貸付や当座貸越で調達し，短期継続融資として続けていけば，借入金の返済は不要となるため資金繰りは改善されます。

解　説

1　借入金の返済負担

　中小企業は，一般的に自己資本が少なく他人資本に依存する傾向にあります。かつて，運転資金は利払いのみの手形の書換え等で調達できました。しかし，かつて金融検査マニュアル別冊（中小企業融資編）に「正常運転資金の範囲を超える部分の短期融資を不良債権と判断する事例」が織り込まれたことを契機にそのような貸出慣行が少なくなり，運転資金でも長期融資で契約され，元本部分については，約定弁済を求められるケースが多く存在しています。その結果，**正常運転資金の分をも含む返済額**の負担から資金繰りに窮する企業が増えています。

2　金融庁の考え

　そこで金融庁は，金融検査マニュアル別冊（中小企業融資編）に新たな事例（事例20）を追加し，**正常運転資金の範囲**であれば，手形の書換え等の短期継続融資で対応することは何ら問題ないことを明確にしました。あわせて正常運転資金に対する考え方についても，決まった計算方法ではなく，業種や状況によりさまざまであるため，実態に合わせて柔軟に検討する必要があることを示しています。これにより短期継続融資が復活することで中小企業の資金繰りが改善され，今まで返済に回っていた資金を設備投資等の前向きな取組みに活用することが期待されます。

3　正常運転資金

　モノを仕入れ，販売し，代金を回収する，という事業活動では，「入ってくるお金」と「出ていくお金」には**時間的なズレ**が通常生じます。よって図表のように「売上債権＋棚卸資産−仕入債務」がこのズレにより生じる**「必要運転資金」**となります。多くの企業では，仕入代金の支払いが先行されるので**必要運転資金を短期借入金で調達**する必要があります。そしてその借入金はやがて「売上代金回収による収入」により返済することができます。建設業では同様に「工事代金の回収による収入」が，材料や外注を先に支払うために借り入れた「工事立替資金」の返済財源となります。

＜必要運転資金＞

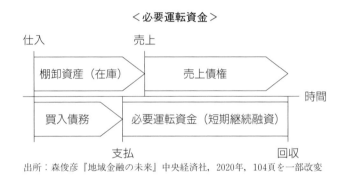

出所：森俊彦『地域金融の未来』中央経済社，2020年，104頁を一部改変

　このため資金繰りにおいては，次のように調達するのが原則となります。

● 短期資金（運転資金）は短期借入金
● 長期資金（設備資金）は長期借入金や自己資本

　必要運転資金は事業継続上，必要不可欠なものであるため常にある一定残高が発生します。よって返済不要な「自己資本」にて賄うべきものでありますが，財務基盤が脆弱な中小企業の場合，これはなかなか困難なので金融機関からの借入に頼らざるを得ません。借入をすれば当然返済しなければなりません。ただ正常運転資金として常に資金は必要となることから，返済期限が来ても**継続して借り続ける**必要があるので，手形の書換え等による**短期継続融資**として金融機関が応需することは何ら問題ない，と金融庁も明確にしています。

4　財務構造の改善例

　A社は，図表のように正常運転資金20,000千円を長期借入（約定返済付）で調達し，年間4,000千円返済しています。この正常運転資金分を長期借入から短期借入として，仮に手形貸付に組み替えて期日には書換えが継続される，となるとどうなるでしょうか？

　手形貸付が継続されていくことで，今までの長期借入による年間約定返済額4,000千円はなくなります。年間返済額は0円となるので資金繰りは相当楽になりますね。返済不要となった資金は，手元資金としてキャッシュポジションを高める，新たに設備投資を行う，長期借入の返済に充当する，等の前向きな使途が考えられます。

　このように自社の借入金の内容を再精査し，**資金使途を短期と長期にしっかり色分け**し，財務構造を再構築することで資金繰りの改善を図ることができます。そのためには金融機関の支援が必要となるので，事業の磨き上げを図り，財務健全性を高めるための打ち手を考え，実践しましょう。

<短期継続融資への組み替え効果>

【改善前】			【改善後】
正常運転資金 20,000千円	長期借入 （約定返済付） 70,000千円	借入残（5年） 20,000千円 年間返済 4,000千円	短期借入 （手形貸付） 20,000千円 年間返済 0円
固定資産 60,000千円		借入残（10年） 50,000千円 年間返済 5,000千円	借入残（10年） 50,000千円 年間返済 5,000千円
	自己資本 10,000千円		自己資本 10,000千円

（手形貸付に組み替え）

5　短期継続融資について経営者保証を求めなかった事例

　金融庁は「『経営者保証に関するガイドライン』の活用に係る参考事例集」にて運転資金への短期継続融資について経営者保証を求めなかった事例（事例18）を公表しています。是非参考にしてください（筆者一部加工）。

1．主債務者及び保証人の状況，事案の背景等

　当社は，射出成形のプラスチック成形を得意とするプラスチック製品製造業であり，フィギュア等を中心に大手玩具メーカーとの取引パイプを確立している。前期，前々期と営業赤字が発生し直近期に黒字化したばかりであった。資金繰りについて，月商の3～4ヵ月分の経常運転資金が必要ななか，資金調達は商手割引，手形貸付のほか一部が長期運転資金となっており，約定弁済の負担が重く借換え対応が必要な状況となっていた。今般，当行に対し，運転資金の申込みがあり，その際，「経営者保証に関するガイドライン」に基づく経営者保証に依存しない融資について説明したところ，可能であれば利用したいので，検討してほしいとの依頼があった。

2．経営者保証に依存しない融資の具体的内容

　当社の約定弁済の負担を軽減したいというニーズを捉え，経常運転資金に対する短期継続融資を提案することを検討し，当社のビジネスモデルを踏まえて，売掛先別の回収サイトや棚卸資産の内容を十分に把握（事業性評価）するとともに，以下の点を勘案して，運転資金所要額から既存の商手割引額及び手形貸付金額を控除した残額に相当する額を，約定返済のない手形貸付にて無担保・無保証で対応することとした。

　① 黒字化して間もない状況であるものの，業績は改善傾向にあり，直近期における総有利子負債額から短期継続融資額分を除いた後の利益償還するべき負債額に対して，十分に償還能力を有していること

　② 適時適切な情報開示がなされており，ビジネスモデルや売上債権，棚卸資産の内容の十分な把握が可能であり，定期的な面談や実査等によるモニタリングなどを通じて，取引先と緊密なリレーションを構築しており，事業性評価を継続的に実施することが可能なこと

3-5 信用保証協会とは？

> **Q** 金融機関に融資の申込みをしましたが，「信用保証協会付きで」と言われました。信用保証協会とはどのような所でしょうか？

A 信用保証協会は信用・担保力が不足している中小企業の債務を保証することによって資金調達の円滑化を図っています。多くの中小企業が利用しています。

解　説

1　信用保証協会とは？

　信用保証協会は，「信用保証協会法」に基づき設立された公的機関です。信用度の高くない中小企業者が金融機関から事業資金の融資を受ける場合，金融上の強力な**「公的保証人」**となって，その借入債務などに係る債務を保証することで金融の円滑化を図ることを目的としています。信用保証協会は全国に51協会あり，各地域に密着した保証業務を行っています。

2　保証人，担保

　保証対象となる融資は，**運転資金と設備資金**です。保証人は原則，法人代表者のみが連帯保証人となりますが，「経営者保証に関するガイドライン」の諸要件に合致する等の場合には，不要となるケースもあります。また物的担保を提供した場合，信用保証料が年0.10％割引されます。

3　代位弁済

　借り入れた会社が業績悪化等により借入金の返済ができなくなった場合，信用保証協会が**会社に代わって**借入金の残額を金融機関へ返済します。これを**「代位弁済」**といいます。これにより金融機関は融資残高を保証割合（80％，100％）に応じて回収することができます。ここに金融機関が融資をする際に「信用保証協会の保証付き融資で」という理由があります。一方借りた会社は，「信用保証協会が代わりに返済してくれたからもう返済しなくてよい」かといえばそう

はいきません。代位弁済により信用保証協会は求償権を取得するので，今度は信用保証協会との話し合いにより金額を決めて返済することになるのです。

4　信用保証料

　信用保証協会を利用する場合，貸付金額，信用保証料率，保証期間，分割返済別係数により計算された**保証料**がかかります。たとえば責任共有制度の対象となる貸付金額1,000万円，信用保証料年率1.15％，保証期間60ヵ月，60回分割返済，分割係数0.55の場合は316,250円になります。

$$1,000万円×1.15％×(60/12)×0.55＝316,250円$$

　信用保証料率は，企業の経営状況によって9つのカテゴリに区分し，責任共有制度対象・対象外別に定められています。信用保証料の軽減化のためには**経営改善**を図り少しでも低い信用保証料率が適用されるようにしましょう。

5　責任共有制度

　上記の責任共有制度とは信用保証協会と金融機関が責任を共有して中小企業への融資や経営支援を行うことを目的とし，信用保証協会が80％，金融機関が20％相当の負担を共有する制度です。仮に融資先に万が一のことがあれば金融機関の融資残高の代位弁済の対象は全額ではなく80％のみとなるため，金融機関には20％の負担が生じます。そのため**融資審査**においては100％保証よりも厳しさが増します。

3-6 担保と保証人

> **Q**　融資を受けるときに担保と保証人を求められました。なぜでしょうか？

A　金融機関は融資審査の結果，融資先の返済能力に不安がある場合，保全を図る
ために物的担保と人的担保をとるのです。なお，一定の基準に達すれば経営者
保証を求めないこともあります。

解　説

1　不動産担保とは？

　融資を受けた債務者が債務を履行しない場合に備えて不動産を債権者に提供
することで，金融機関は債権の弁済を確保する手段が不動産担保です。返済不
能となったときには，その不動産を売却することで換金し弁済に充てることを
約束するために**抵当権**や**根抵当権**を不動産に設定します。これは不動産登記簿
に記載されるので誰でも自由に見ることができます。気になる取引先の与信判
断で使えますね。逆のこともありますが…。

　抵当権とは，担保となっている不動産などを債務者または第三者のもとに残
しておきながら，債務が弁済されないときにはその不動産の価額から債権者が
優先的に弁済を受けることができる権利をいいます。その借入のみの担保であ
り，設定された借入金額が限度となります。

　一方，根抵当権とは，担保物が負担すべき最高限度額（極度額）をあらかじめ
設定しておき，将来発生する債権をその限度額内で担保する抵当権が根抵当権
です。金融機関から継続的に融資を受ける場合に採用されます。

2　不動産担保評価とは？

　金融機関は不動産を融資の担保とする場合，それが融資額に見合う価値があ
るかどうか，を評価します。一般的には主に**相続税評価額**が評価の基準とされ
るので，事前に該当する不動産の路線価や固定資産税評価額，公示価格，取引
事例等を調べ，融資額に見合うかどうかを確認しておく必要があるでしょう。

金融機関は貸出債権の評価を行います。仮に不動産価格が高かった時期に融資を受け担保に提供していた不動産価格が今や半値近く下落している，となると保全額を満たすために追加の担保提供を求められる場合があります。

3　保証人

　今までの解説は不動産による担保，すなわち「物的担保」についてでしたが，万が一返済不能となったときに「人」が弁済をしなければならなくなるのが「人的担保」です。これが連帯保証人です。一般的に融資の際には会社の社長は連帯保証人となるので，会社が倒産した場合，借入金は連帯保証人である社長が弁済しなければなりません。そして完済しないまま亡くなると，今度はその連帯保証人の地位は相続されるのです。

4　経営者保証に関するガイドライン

　中小企業の場合，社長個人と会社とは緊密な関係，すなわち一体化されています。良くも悪くも社長次第なので会社社長には連帯保証人が求められるのです。ではその一体化が解消され，会社のみで借入返済ができる健全な状況になれば，連帯保証人は不要となります。そこで「経営者保証に関するガイドライン」では次のような状態にある会社は経営者保証を求めない，としているので**経営の見える化・磨き上げ**を図りましょう。

---

① 法人と経営者個人の資産・経理が明確に分離されている。
② 法人と経営者の間の資金のやりとりが社会通念上適切な範囲を超えない。
③ 法人のみの資産・収益力で借入返済が可能と判断し得る。
④ 法人から適時適切に財務情報等が提供されている。
⑤ 経営者等から十分な物的担保の提供がある。

3-7 事業性評価とは？

> **Q** 融資において事業性評価という言葉を最近よく耳にします。何か気をつける
> ことはありますか？

A 企業の成長可能性を積極的に評価する事業性評価においては，財務情報はもち
ろん非財務情報も積極的に提供することが大切です。

解　説

1　事業性評価にもとづく融資

　金融機関には，今までのように財務データや担保・保証に必要以上に依存す
ることなく，借り手企業の事業の内容や成長可能性などを適切に評価，すなわ
ち企業の持続可能性をも含む事業性評価にもとづく融資や助言を行い，企業や
産業の成長を支援していくことが求められています。従来は過去の数値である
決算書等と万が一の回収リスクの視点から担保・保証を重視して融資の審査を
行っていました。これらには弊害もあったので，**企業の将来の成長可能性を積
極的に評価し支援を行う事業性評価融資**に舵が切られています。

2　情報の非対称性を解消

　そうは言っても事業性を評価するにはさまざまな資料が必要となります。今
まで金融機関は財務データ等の目に見える「財務情報」を中心に評価をしてい
ました。もちろんこれも重要ですが，加えて目に見えない「非財務情報」をも
重視して積極的に企業と対話し，情報収集に努めなければなりません。しかし
それには限りがあります。いわゆる「情報の非対称性」を解決し金融の円滑化
を図るために，企業側も受け身の姿勢ではなく積極的に**情報を開示・提供**（シグ
ナリング）し自社のことをよく知っていただく努力をする必要があります。

3　対話ツールのローカルベンチマーク

　双方が積極的に対話をすすめ情報収集するための事業性評価の入口として考

案されたのが「ローカルベンチマーク」です。平成28年3月に経済産業省から企業の**健康診断ツール**として発表されました。「会社が病気になる前に」というキャッチコピーどおり企業の財務・非財務を網羅し企業自身もセルフチェックできる内容となっています。

(1)　財務情報に基づく分析

　企業の成長性や持続性等を把握し，対話を行うためのきっかけとなる以下の**6つの指標**をチェックしましょう。ローカルベンチマークツールに貸借対照表と損益計算書の数値を入力することでこれらの指標が自動計算されます。これにより業種基準値との比較により点数化され，総合評価点とAからDまでのランク付け，レーダーチャートにより財務状況が見える化されます。会社の健康診断，社長の通信簿となるので毎決算ごとにチェックするとよいでしょう。

---

①　**【売上持続性】**売上増加率 $= \dfrac{最新期売上高}{前年度売上高} - 1$

　売上は返済不要のキャッシュフローの源泉です。その増加率は企業の成長ステージの判断に有用です。

②　**【収益性】**営業利益率 $= \dfrac{営業利益}{最新期売上高}$

　事業性を評価する上で本業の収益性を測る大変重要な指標です。

③　**【生産性】**労働生産性 $= \dfrac{営業利益}{従業員数}$

　成長力，競争力等を評価する指標です。キャッシュフローを生み出す収益性の背景となる要因とも考えられます。地域企業の雇用貢献度や「多様な働き方」を考えれば，本来，「従業員の単位労働時間あたり」の付加価値額等で計測すべき指標です。

④　**【健全性】**EBITDA有利子負債倍率 $= \dfrac{借入金 - 現預金}{営業利益 + 減価償却費}$

　EBITDA は「Earnings Before Interest, Taxes, Depreciation and Amortisation」の略で減価償却前営業利益を意味します。有利子負債がキャッシュフローの

何倍かを示し，有利子負債の返済能力を図る指標の1つです。

⑤　【効率性】営業運転資本回転期間

$$= \frac{売上債権（売掛金＋受取手形）＋棚卸資産－買入債務（買掛金＋支払手形）}{月商（売上高/12）}$$

　過去の値と比較することで，売上増減と比べた運転資本の増減を計測し，回収や支払等の取引条件の変化による必要運転資金の増減を把握します。

⑥　【安全性】自己資本比率 $= \dfrac{純資産}{総資産}$

　総資産のうち返済義務のない自己資本が占める比率を示す安全性分析の最も基本的な指標の1つです。自己資本の増加はキャッシュフローの改善につながります。

(2)　非財務情報：商流・業務フロー

　業務フローについては業務プロセスを分解し，実施内容と価値を生み出すために行っている工夫や他社との差別化ポイントを把握します。商流は取引先と取引理由を整理し，どのような流れで顧客提供価値が生み出されているかを把握します。これらをまとめることで**「ビジネスモデル俯瞰図」**ができます。これをじっくり俯瞰することで経営課題があぶりだされてきます。業績が思わしくなければ何らかの欠陥がこのビジネスモデルに潜んでいます。激変する経営環境に適応するために，自社のビジネスモデルの現状分析，そして再構築を図りましょう。

＜ローカルベンチマーク：財務分析例＞

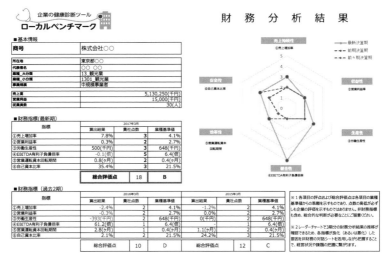

出所：経済産業省「ローカルベンチマーク「参考ツール」利用マニュアル（2018年4月改訂版）」（2018年4月），4頁

＜ローカルベンチマーク：商流・業務フロー例＞

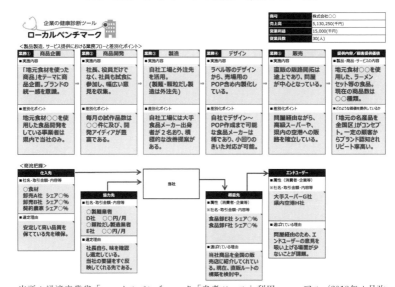

出所：経済産業省「ローカルベンチマーク「参考ツール」利用マニュアル（2018年4月改訂版）」（2018年4月），8頁

⑶　非財務情報：4つの着眼点

　次の4つの着目点について非財務情報を把握，整理し現状認識をします。将来目標も明確にし，これとのギャップが経営課題として抽出されたら，あとは具体的な対応策を考え，実践あるのみです。それぞれの具体例は次のとおりです。

---

①　経営者への着目
- ・経営者自身について（地域経済界における立場，経営手腕等）
- ・経営者の思い，事業の方向性，ビジョン，経営理念
- ・経営者の再生に対する意識，スタンス
- ・後継者の有無

②　事業への着目
- ・事業の商流
- ・ビジネスモデル，製品・サービスの内容，製品原価
- ・市場規模・シェア，競合他社との比較
- ・企業および事業の沿革
- ・事業用資産と非事業用資産の区別，事業用資産の有効活用
- ・技術力，販売力の強みと課題
- ・取引先数，分散度
- ・企画から商品化までのスピード，一単位あたりの生産時間
- ・IT の能力，イノベーションの状況

③　企業を取り巻く環境・関係者への着目
- ・顧客リピート率，主力取引先企業の推移
- ・従業員定着率，従業員勤続日数，従業員の平均給与，年齢構成
- ・取引金融機関数とその推移，金融機関との対話の状況

④　内部管理体制への着目
- ・同族企業か否か，社外取締役の設置状況，組織体制
- ・経営目標の有無と共有状況
- ・人材育成の方法，システム
- ・社内会議の実施状況
- ・コンプライアンス上の問題の有無

＜ローカルベンチマーク：非財務情報の４つの視点による分析と課題・対応策＞

出所：経済産業省「ローカルベンチマーク「参考ツール」利用マニュアル（2018年4月改訂版）」（2018年4月）、10頁

111

3-8 預貸率とは？

> **Q** 金融機関と金利の交渉をするのに「預貸率」がポイントであると聞きました。何か準備することはありますか？

A 金融機関と交渉するうえで，事前に借入金・金利・預金から実質借入額と実質金利を計算しておくことをおすすめします。

解　説

1　預貸率とは？

　会社の**返済余力**を示す経営指標の1つに預貸率があります。これは金融機関に会社が預けている預金と，融資を受けている金額（借入金）との割合で計算されます。

$$預貸率（\%）= \frac{預金}{借入金} \times 100$$

　たとえば，預金が3千万円，借入金が2千万円あった場合，預貸率は，150%（＝3千万円÷2千万円）となります。このように会社が預けている預金よりも借入残高が少ない場合，預貸率は100%を超えます。これは金融機関にとって，万が一の時でも回収の心配がなく金融機関のリスクは減少するので評価が高まります。このケースだと1千万円も余剰なので，一般の金利よりは低く設定できるでしょう。

預金：3千万円＞借入金：2千万円　【預貸率：150%】

　一方，預金が2千万円，借入金が3千万円あった場合，預貸率は，67%（＝2千万円÷3千万円）となります。借入残高が預けている預金を超える場合，預貸率は100%を下回ることになるためリスクに備え融資条件も厳しくなるでしょう。このケースでは1千万円不足しているので回収リスクが高まります。多くの中小企業は手元資金が少ないからこそ借入をするので預貸率は100%を切っ

ているでしょう。

預金：2千万円＜借入金：3千万円　【預貸率：67％】

2　金融機関との交渉

複数の金融機関から借り入れている場合，次のように**預貸率，実質借入額，実質金利**を計算することをおすすめします。

$$実質借入額 ＝ 借入金 － 預金$$
$$実質金利（％）＝ \frac{支払利息（＝ 借入金 × 金利）}{実質借入金} × 100$$

たとえば以下のように同じ金利2％で借りても，借入金と預金の多い少ないで預貸率が異なると実質金利に変動が生じます。その結果，実質金利が一番高いのはB信用金庫6％，一番低いのはC信用組合4％となります。つまり預貸率が高いほど実質金利も高くなることがわかります。

＜実質金利の計算例＞

	借入金	金利	支払利息	預金	預貸率	実質借入額	実質金利
A銀行	5千万円	2％	100万円	3千万円	60％	2千万円	5％
B信金	3千万円	2％	60万円	2千万円	67％	1千万円	6％
C信組	2千万円	2％	40万円	1千万円	50％	1千万円	4％

では預金をA銀行にB信用金庫から1千万円，C信用組合から0.5千万円，合計1.5千万円移動したらどうなるでしょうか？

＜預金移動後＞

	借入金	金利	支払利息	預金	預貸率	実質借入額	実質金利
A銀行	5千万円	2％	100万円	4.5千万円	90％	0.5千万円	20％
B信金	3千万円	2％	60万円	1千万円	33％	2千万円	3％
C信組	2千万円	2％	40万円	0.5千万円	25％	1.5千万円	2.7％

A銀行の実質金利はなんと20％となりました。実質500万円の借入金に対し

て利息を100万円も支払うことになるからです。このような具体的な計算をもとに**金利の交渉**を行うとよいでしょう。

　預金口座がない日本政策金融公庫から借入をした場合，どこの金融機関に預け入れるか迷ったらこの表を作成し実質金利を計算して検討することをおすすめします。

3　余剰資金がある場合

　預貸率が100％を超えている場合，手元預金で借入金を返済することは可能です。「金利分がもったいないので一部返済したいのですが」これはよくある相談です。仮に返済したとすると，手元の現預金はいくらになるでしょうか。資金繰り円滑化のためには，少なくとも**月商の3ヵ月**程度は手元に残しておきたいものです。いわゆるキャッシュポジションの安定化をまず図ることが先決です。これが確保できた上で余剰資金があれば，金利負担軽減のために返済してもよいでしょう。

> **コラム 8**　　「5つのション」が経営を決める！
>
> 　目まぐるしく変化する外部環境に的確に対応し，業績を向上させている「成長企業」には共通して次の「5つのション」があります。これを**「経営の振り返りチェックリスト」**として自問自答してみてください。きっと何らかの「気づき」が得られ「行動革新」が生まれることでしょう。
>
> 　　　　　　＊　　　　　＊　　　　　＊
>
> ☑1．ミッション（Mission）
> 　会社の使命は何か？　何のために会社はあるのか？　経営者の使命は何か？日々何に「命」を「使」っているのか？　なぜ経営者をしているのか？　もし会社がなくなるとどうなるのか？　誰が困り，悲しみ，社会的損失になるのか？社会における存在価値，存在意義は明確か？
>
> ☑2．ビジョン（Vision）
> 　将来のあるべき姿（ビジョン）は明確か？　大いなる夢を描こう！そしてそ

れを社員と分かち合おう！夢は実現するためにある。夢に日付を入れよう。それに向けた魂の入った経営計画はあるか？　利益計画はあるか？　行き先のわからない壊れそうなバスにすすんで乗る人など誰もいない。

☑ 3．パッション（Passion）

燃えたぎる情熱は持続しているか？　変革を恐れない確固たる信念はあるか？　創業時のあの熱き想いは忘れていないか？　「はい！YES！喜んで！」挑戦する意欲はあるか？　一生青春！熱き情熱が人を動かす原動力となる！

☑ 4．サティスファクション（Satisfaction）

お客様満足は高まっているか？　それを実現する社員，幹部，経営者の満足度も高まっているか？　満足度をチェックする評価基準はあるか？　プラス思考で現状を肯定的に認め，明るく積極的に，前向きに笑顔で進もう！

☑ 5．アクション（Action）

立ち止まっていては何も始まらない。日々，元気に動いているか？　まずやってみる！こと。同じ三振でも「見逃し三振」よりは「空振り三振」の方が大いに学び，次につながる。失敗は成功の母。世のため，他人のために行動し，与えることから始めよう！

「５つのション」，自社にはありますか？

3-9 ウチはどのくらいまで借入できる？

> **Q** 金融機関に融資の申込みをしようと思うのですが，どれくらい借りられるの
> でしょうか？　金融機関はどう見ているのでしょうか？

A 借入金が月商の何倍あるか，今の借入金を完済するには何年かかるか，を計算
すると返済能力と金融機関の貸出限度額の目安がわかります。

解　説

1　借入金対月商倍率

　借入は希望すればいくらでも借りられるわけではありません。借入をすれば
当然，返済しなければなりません。その返済原資は売上から得られる資金とな
ります。金融機関は事業規模を表す売上高と借入金との関係から返済能力や貸
出しの安全性をチェックし貸付限度額を計算します。

　「借入金対月商倍率」は，**短期・長期借入金と割引手形の合計額が月商の何倍
あるか**，を意味します。当然これは少ないほうがよいのです。この倍率が高ま
るほど返済が厳しくなる，安全性が低くなることとなり，金融機関からの評価
は下がります。

$$借入金対月商倍率 = \frac{借入金 + 割引手形}{売上高 \div 12ヵ月}$$

　たとえば年間売上高：24,000万円，借入金：3,500万円，割引手形：500万円
の場合，借入金対月商倍率は2倍，すなわち2ヵ月分の売上高に相当する借入
金があることになります。

$$\frac{借入金3,500万円 + 割引手形500万円}{年間売上高24,000万円 \div 12ヵ月} = 2$$

　借入を申し込む際にはこれを事前にチェックすることをおすすめします。参
考までに黒字企業の平均値は3.5ヵ月です。

2　債務償還年数

　現在ある**利益で支払利息を伴う借入金（有利子負債）を完済するには，何年かかるか**，気になる方は「債務償還年数」を計算してみましょう。

$$債務償還年数 = \frac{有利子負債 - 現預金 - 正常運転資金}{キャッシュフロー（税引後利益 + 減価償却費）}$$

　たとえば有利子負債：13,000万円，現預金：3,000万円，正常運転資金：2,000万円，税引後利益：800万円，減価償却費：200万円の場合，債務償還年数は8年になります。

$$\frac{有利子負債13,000万円 - 現預金3,000万円 - 正常運転資金2,000万円}{キャッシュフロー（税引後利益800万円 + 減価償却費200万円）} = 8$$

　分母の計算は，1年間で得られた資金額（キャッシュフロー）を意味します。分子は，有利子負債から営業活動における収支ズレである運転資金と返済原資になる手持ちの現預金を差し引き，純粋に返済しなければならない金額です。

　金融機関はこの年数は短いほど返済余力がある，と判断するので概ね10年内であれば問題ありません。逆にそれより長くなるほど回収リスクが高まるため厳しく評価するので，新たに借入を申し込む際には，現状の債務償還年数をチェックしておくとよいでしょう。

　なお中小企業には「社長からの借入金」がつきものですが，多くは返済せず残高が増える一方だと思います。借入金対月商倍率や債務償還年数の計算をする時には，これは返済不要のため借入金には含みません。

3-10 銀行等以外から資金調達できる？

> **Q** 資金を調達するには銀行等からの融資のほかにどのような方法があるので
> しょうか？

A 保険会社の契約者貸付制度や経営セーフティ共済の一時貸付金，遊休資産の処
分等の方法があります。

解　説

1　保険会社の契約者貸付制度

　契約者貸付制度とは，保険会社が解約返戻金を担保に契約者に融資する制度
です。保険会社にリスクはないので審査不要で簡単に早く受け取ることができ
ます。解約返戻金の80～90％程度の金額が借入限度となり，借入利息は市中金
利に比較して高めとなりますが，とにかく急ぐ場合やつなぎ資金としてはよい
でしょう。保険を解約して受け取るのも1つの方法ですが，肝心の保障がなく
なってしまうのでまずは契約者貸付制度を検討しましょう。なお終身保険，養
老保険等の貯蓄性のある保険に加入している場合は解約返戻金があるので融資
を受けられますが，定期保険のような掛け捨て型は解約返戻金がないので，加
入している保険内容を再チェックしましょう。

2　経営セーフティ共済

　経営セーフティ共済（中小企業倒産防止共済制度）は，中小企業の取引先が倒産
した際に，連鎖倒産や経営難に陥ることを防ぐための制度です。倒産が発生し
た場合には，無担保・無保証人で掛金の最高10倍（上限8,000万円）まで借り入れ
ることができます。また掛金は損金または必要経費に算入できるので**節税**にも
なります。取引先が倒産していなくても，共済契約者が臨時に事業資金を必要
とする場合には，一時貸付金として解約手当金の95％を上限に借入できる制度
があります。返済期間は1年，返済方法は期限一括償還，利息は借入時一括前
払いです。

3　小規模企業共済

　小規模企業共済制度は，小規模企業の経営者や役員，個人事業主等を対象とした積立てによる退職金制度です。掛金全額を所得控除できるので，**高い節税効果**があります。一般貸付制度の場合，掛金の範囲内（掛金納付月数により掛金の7〜9割）で，10万円以上2,000万円以内（5万円単位）で事業資金を借り入れることができます。借入金額に応じて，半年から5年の借入期間を選択できます。借入金の返済方法は，借入期間が6ヵ月または12ヵ月の場合は期限一括償還，借入期間が24ヵ月，36ヵ月，60ヵ月の場合は6ヵ月ごとの元金均等割賦償還となります。

4　資産の見直し

　定期預金や定期積金，有価証券，生命保険，固定資産など貸借対照表の資産の部に**「遊休資産」**がないか，よくチェックし資金化を図りましょう。ただし定期預金等が借入時における「預金担保」となっている場合は注意が必要です。また不動産処分により不動産譲渡益が出ると，多額の繰越欠損金がある場合を除き，課税され税負担が生じるのでその分も十分考慮しましょう。社長や親族といった個人で所有している資産についても資金化して会社に貸付や増資ができないかを検討しましょう。

5　助成金，補助金

　国の政策を遂行するために数々の助成金や補助金があります。どのようなものがあるかを知り，その目的や趣旨を確認し自社の事業とマッチするか，適用要件や期限等を，たとえば以下のようなホームページにて常にチェックし，必要に応じて積極的に活用しましょう。

・ミラサポ PLUS（経済産業省）：https://mirasapo-plus.go.jp/
・J-Net21（中小企業基盤整備機構）：https://j-net21.smrj.go.jp/index.html
・経済産業省：https://www.meti.go.jp/
・厚生労働省：https://www.mhlw.go.jp/index.html

3-11 売上を UP させるにはどうすればいい?

> **Q** 資金繰り改善のために売上を上げなければならないことはわかっていますが，どうすればよいでしょうか?

A 売上向上のために「商品・市場マトリクス分析」を行い，具体的な戦略を立案するとよいでしょう。

解　説

1　売上とお客様

　資金繰りの安定化を図り企業を存続・成長・発展させるためには，とにかく利益を上げ続けなければなりません。もし赤字が続いていれば早急に黒字への転換が必要です。利益を出す公式は「利益＝売上－費用」です。費用を下げることは会社の意思でできますが，売上を上げることは一朝一夕にはできません。買うか買わないか，発注するか否か，はお客様が決めるからです。ここに経営の難しさがあるのです。売上アップの戦略とその実践について事例をもとに考えてみましょう。

2　商品・市場マトリックス分析

　売上アップを図るために，売上の内容を戦略的に分析する「商品・市場マトリックス分析」を行いましょう。これは売上の増加計画を立案する上で大変効果的なフレームワークです。しっかり学び，自社に当てはめ具体的に実践していただきたいと思います。経営は科学化することが大切です。昔ながらにただやみくもに「売上を上げろ，気合い入れろ」と大声で掛け声をかけていれば売上が上がるほど甘い時代ではありません。数々の現場データや分析数値等をベースに具体的かつ実現可能な戦略を考えましょう。

　売上は「どんなお客様（顧客，市場）」が「何（商品，製品，技術，サービス）」を買ってくれるのか，で決まります。よって**顧客**の視点と提供する**商品**の視点で売上を分析することから始めましょう。

<商品・市場マトリックス分析>

	「既存」の商品	「新規」の商品
「既存」の 顧客・市場	【市場浸透戦略】 「既存の商品」を 「既存の顧客・市場」に もっと売る	【新製品開発戦略】 「新規の商品」を開発し 「既存の顧客・市場」に 売り始める
「新規」の 顧客・市場	【新市場開拓戦略】 「既存の商品」を 「新規の顧客・市場」に 売り始める	【多角化】 「新規の商品」を開発し 「新規の顧客・市場」に 売り始める

3　雑貨店の事例

　雑貨小売の他にレストランとエステティックサロンを経営する会社の売上改善プロセスを一緒にみてみましょう。

　ピーク時に3億円あった売上高は年々減少し2億円となり，2年連続赤字，資金繰りも厳しくなってきました。黒字化し健全に借入返済をしていくためには，あと売上は5,000万円必要です。社長は，「何が何でもあと5,000万円売上を上げろ」と社員に発破をかけ，がむしゃらに広告や特売等を行いましたがなかなか思うような成果はあがりませんでした。

①　どんぶり勘定からの脱皮

　新興住宅地に近いという立地のよさもあって，創業後，売上は順調に上がり続けていたので，特に売上構成の分析はせず，売上合計のみの管理，いわゆる「どんぶり勘定」でした。そこでまず現状を確認するために売上構成を分析することから始めました。

　経営改善のヒントは必ず現場にあります。どのような商品がどのようなお客様に買っていただいているかを確認するために「取扱商品」と「年齢別の顧客層」の2つの軸で売上2億円を分類してみました。これを行うには正確な現場データが重要になるので，レジの設定をさらに詳細にしました。

　その結果，「雑貨とレストランは40代，エステは50代がメイン。雑貨部門が売上割合72％と高く，社長が力を入れているエステは8％に過ぎない」ということが改めて判明しました。

121

<商品・顧客分析>

(単位：万円)

		商品			合計額	構成割合
		雑貨	レストラン	エステ		
顧客層	70代以上	1,200	100	30	1,330	6.7%
	60代	1,600	600	100	2,300	11.5%
	50代	2,600	800	530	3,930	19.7%
	40代	3,500	1,200	400	5,100	25.5%
	30代	3,300	800	340	4,440	22.2%
	20代以下	2,200	500	200	2,900	14.5%
合計額		14,400	4,000	1,600	20,000	100.0%
構成割合		72.0%	20.0%	8.0%	100.0%	

②　市場浸透戦略

　現在の顧客に現在ある商品を買っていただいた結果が，現在の売上高2億円です。まずはここの領域で売上高を伸ばすことから始めました。「市場浸透戦略」です。つまり現在の顧客にさらにもっと買っていただくために来店頻度を高めることでリピーター化し，買上点数と単価を増やす施策を打つのです。そのために，以下を実施することにし，この戦略による売上増加目標を1,000万円としました（**市場浸透戦略：1,000万円**）。

- ● エステ部門の認知度が低いため，雑貨・レストラン部門の顧客にチラシや割引クーポンを配布
- ● タイミングよくDMを出すために顧客名簿の整理，活用
- ● スタッフの接客・接遇のレベルアップ
- ● 単価を上げるためにコミュニケーション能力を強化
- ● 特売キャンペーンや感謝セールの実施
- ● 上得意先を集めてのイベント，等

③　新たな取組みを！

　しかしこのような市場浸透戦略には限界があります。それまでもDMで特売

セールの案内やキャンペーン，社員研修などは実施しており，やり尽くした感がありました。

　ここで大きく戦略を変えていかなければ売上の増大は見込めません。今まで通りのやり方から脱却する，つまり新たな取組み＝**経営革新**を図る必要がありました。そこで次に「新商品開発戦略」「新市場開拓戦略」を立案しました。

④　新商品開発戦略

　今のお客様が他に望んでいる商品はないか，現在の商品に加えて何か提案する商品はないか，を考えました。これが「新商品開発戦略」です。お客様が本来必要であるにもかかわらず，気づいていなければそれに気づかせる企画・提案力がポイントです。そのために，しっかりとお客様を観察することから始めました。すると雑貨部門の売上結果でみると40代がメインではありますが，来店客数では50代，60代も40代とあまり変わらないことがわかりました。せっかく来店しても買いたいものがなかったです。この年代層は，健康について関心度が高いので，今まで取り扱わなかった健康関連商品を新たに販売，この流れで雑貨店に併設するレストランでもヘルシーメニューを新たに提供することにし，売上増加目標を1,500万円としました（**新商品開発戦略：1,500万円**）。

⑤　新市場開拓戦略

　優れた商品であれば今のお客様以外にも売れるはずです。もっと新たなお客様を開拓することはできないか，商圏，性別，年齢，所得などの切り口で検討しました。「新市場開拓戦略」です。

　現在の店舗での顧客の開拓には限りがあるので，近々オープンするショッピングセンターの客層と雑貨部門の客層が合致するので出店コストがあまりかからない小規模店舗に出店することにしました。これによる新たな市場での売上増加目標を2,500万円としました（**新市場開拓戦略：2,500万円**）。

⑥　数値に裏付けられた戦略を

　以上，市場浸透戦略により1,000万円，新商品開発戦略により1,500万円，次いで新市場開拓戦略により2,500万円，というように新たな戦略により5,000万

円の売上増加を図ることになりました。売上増加策を検討する際には，この「商品・市場マトリックス分析」により打ち立てた数値の裏付けがある戦略の立案も合わせて考えることをおすすめします。

コラム 9

PPM と AMTUL

売上を細分化すると「単価」と「数量」に分けられます。単価については商品や技術，サービス，つまり「商品力」が，数量については販売する上での「営業力」が戦略のポイントとなります。

(1) PPM 分析

市場の成長率と自社商品のシェアの観点から，今後伸ばすべき商品や淘汰される商品等に分類して商品戦略を考えるフレームワークが PPM 分析です。今まで貢献度が高かった「金のなる木」はいつかは枯れるので次の金のなる木を育て上げ**「商品力」**を高める必要があります。

<PPM 分析>

高↑市場成長率↓低	問題児	花形製品
	負け犬	金のなる木

低←　　　マーケットシェア　　　→高

(2) AMTUL の法則

顧客が購入を決定するプロセスを考える上で「AMTUL の法則」が大変有用です。それぞれの段階での戦術を考え，増客が図れるよう**「営業力」**を強化しましょう。中小企業の多くはこの営業力で差がつきます。

A：Awareness（認知，気づく【商品認知率】）
M：Memory（記憶，覚える【商品記憶率】）
T：Trial Use（試用，試しに使う【トライアル率】）
U：Usage（現在使用，いつも使う【顧客リピート率】）
L：Loyal use（積極使用，ファン，紹介【ファン顧客率】）

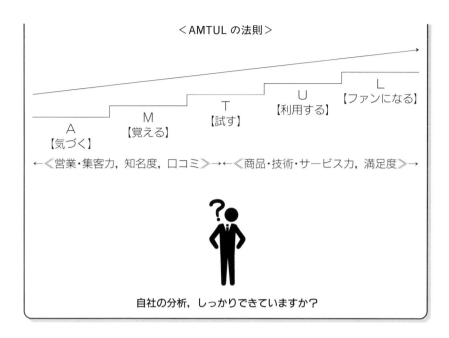

<AMTUL の法則＞

A
【気づく】

M
【覚える】

T
【試す】

U
【利用する】

L
【ファンになる】

←≪営業・集客力，知名度，口コミ≫→←≪商品・技術・サービス力，満足度≫→

自社の分析，しっかりできていますか？

3-12 人件費削減は役員報酬から！

> **Q** 業績が悪化し手持ち資金が減って資金繰りが厳しくなってきました。社員の
> 給与と役員報酬の減額を検討していますが……。

A 役員報酬の減額にあたっては法人税基本通達（経営の状況の著しい悪化に類す
る理由）を参考に業績の悪化状況を踏まえて検討する必要があります。

解　説

1　まずは役員報酬の減額から

　資金繰り改善策の１つに経費削減があります。経費の中でも一番多額なもの
は何といっても人件費でしょう。社員のリストラなどによる人件費削減策の前
に行うべきことは，経営者責任としての役員報酬の減額ではないでしょうか。
定時改定後の期中に減額する場合，**経営状況が著しく悪化**したことなど，やむ
を得ず役員給与を減額せざるを得ない事情が必要となります。一時的な資金繰
りの都合や単に業績目標値に達しなかったことなどは，これに含まれないこと
に留意しなければなりません。

2　業績悪化改定事例１

　「国税における新型コロナウイルス感染症拡大防止への対応と申告や納税な
どの当面の税務上の取扱いに関する FAQ」には業績悪化改定の事例と解説があ
ります。参考にしてください。

＜法人税に関する取扱い＞
問 6 《業績が悪化した場合に行う役員給与の減額》〔令和 2 年 4 月13日追加〕
　当社は，各種イベントの開催を請け負う事業を行っていますが，新型コロナウ
イルス感染症の感染拡大防止の観点から，イベント等の開催中止の要請があった
ことで，今後，数か月間先まで開催を予定していた全てのイベントがキャンセル
となりました。
　その結果，予定していた収入が無くなり，毎月の家賃や従業員の給与等の支払

いも困難な状況であることから，当社では，役員給与の減額を行うこととしました。法人税の取扱いでは，年度の中途で役員給与を減額した場合，定期同額給与に該当せず，損金算入が認められないケースもあると聞いています。そこで，当社のような事情によって役員給与を減額した場合，その役員給与は定期同額給与に該当するでしょうか。

○貴社が行う役員給与の減額改定については，業績悪化改定事由（法人税法34条１項１号，法人税法施行令69条１項１号ハ）による改定に該当するものと考えられます。したがって，改定前に定額で支給していた役員給与と改定後に定額で支給する役員給与は，それぞれ定期同額給与に該当し，損金算入することになります。

○法人税の取扱いにおける「業績悪化改定事由」とは，経営状況が著しく悪化したことなどやむを得ず役員給与を減額せざるを得ない事情があることをいいますので，貴社のように，業績等が急激に悪化して家賃や給与等の支払いが困難となり，取引銀行や株主との関係からもやむを得ず役員給与を減額しなければならない状況にある場合は，この業績悪化改定事由に該当することになります。

〔参考〕

・法人税基本通達９－２－13（経営の状況の著しい悪化に類する理由）

・役員給与に関するQ&A（平成24年４月改訂版）〔Q１〕（業績等の悪化により役員給与の額を減額する場合の取扱い）

3　業績悪化改定事例２

　また現状では，売上などの数値的指標が著しく悪化していないとしても，新型コロナウイルス感染症の影響により人や物の動きが停滞し，経営環境が著しく悪化することで役員給与の減額等といった経営改善策を講じなければ，客観的な状況から判断して，急激に財務状況が悪化する可能性が高く，今後の経営状況が著しく悪化することが不可避と考えられる場合は，役員給与の減額改定は，業績悪化改定事由による改定に該当すると考えられます（FAQ問6‐2）。

　役員報酬の減額改定を検討する際には，税務上の問題が生じないよう自社の業績悪化状況を再確認しましょう。

3-13 経費はどう削減していけばいい？

> **Q** 手持ち資金が減ってきています。すべての経費を対象に削減すればよいでしょうか？

A 資金の流出を食い止めるために諸経費を削減する場合，経費の性質によっては売上の減少につながることがあるので注意しましょう。

解　説

1 「不要不急の経費」が削減の対象

資金の流出を食い止めるにはとにかく無駄な支出を省くことです。「必要なものは買え，欲しいものは待て」をスローガンに掲げ，仕事に支障をきたすことがなければ当面欲しいものは我慢することが大切です。まさに**「不要不急」の経費**であるか否かのチェックが必要です。

2 経費には2種類ある

費用のうち，事業活動に使用したものを経費といいますが，変動損益計算書（1-9参照）で解説したように，経費もその性質から同じく2種類に分かれます。

> ① **変動費**：売上の増減で増減する（仕入，外注費など）
> ② **固定費**：売上の増減には無関係（人件費，家賃，リース料など）

削減の対象となるのは，売上高の増減にあまり関係のない「固定費」です。たとえば以下の事例のように売上高に直接影響を及ぼす変動費的な経費を削減すると売上高はさらに減少する可能性があります。その**経費の性質**をよく見極め検討しましょう。

3　事例：学習塾の失敗

　少子化に伴い利益減少が止まらない学習塾が，経費削減の対象を中でも金額の大きな人件費と広告宣伝費を絞り込みました。人件費は教師のやる気にかかわるので手をつけず，チラシの配布を毎週から隔週に変えたところ広告宣伝費が削減されすぐに利益が増加しました。しかし2ヵ月ほどすると利益が減少し始めたのです。その原因は売上高の減少でした。頻繁に目につくチラシを見て入塾を決めていたのが，隔週になり露出度が減ったのです。一方ライバル塾は，以前どおり毎週チラシを配布していました。つまり学習塾の広告宣伝費は「固定費」ではなく，売上の増減とリンクする「変動費」であったことを見誤ったのです。これに気づいた社長は急いで従前どおり毎週，広告を打ち始めましたが，時すでに遅し。若干の塾生がライバル塾から移ってきましたが，今までの数までには戻りませんでした。

4　経費を厳しく管理する

　売上計画は「目標売上は年間‥円，今月は…円だ」と多くの会社で作成しています。社長も一番気になるのが売上です。しかし経費となると予算どころか管理もあまりされていないのが現状です。会社経営で大切なのは「利益」です。「利益＝売上－費用」の公式のとおり売上と同様，経費の管理も重要なことがおわかりでしょう。売上は相手がいることなので自社ですべてコントロールすることができませんが，経費については「使う，使わない」は自社で決めることができます。よって**短期的には経費削減策で利益を上げる**ことができるのです。

　経費は放っておくと増加する一方です。前例にならうからです。一度思い切ってゼロベースで考えてみましょう。総勘定元帳にて過去3期分，どのような経費を使ったかを金額の大きなものから振り返ってみてください。**「費用対効果」**の視点で明らかに無駄であったり，効果がなかったものに付箋を貼り，経営幹部で今後の必要性について議論し方向を示すことが大切です。経費を使った人は間違いなく必要性を主張するので，他の人が客観的に判断することが大切です。特に接待交際費は要チェックです。

3-14 リスケで資金確保を！

> **Q** 赤字連続で借入金の返済が大変厳しくなってきました。手持ちの資金が枯渇
> しそうです。どうしたらよいでしょうか？

A 資金が枯渇すれば事業は継続できません。金融機関に返済条件の変更（リスケ
ジュール）を申し入れ，資金確保に努めましょう。

解　説

1　借入金を返済できるか？

　資金繰り対策として，まずは借入金をきちんと返済できる資金体質か否かを
チェックする必要があります。資金繰り予定表を作成する前に決算書から簡単
に次の金額を確認してみましょう。

> ①　この1年間に返済する借入金の合計額
> ②　税引後当期利益＋減価償却費

　「①＜②」であれば資金繰りは大丈夫です。借入金を返済することができま
す。しかし「①＞②」となれば問題です。返済を約定どおりに行うといずれ**資
金がショート**することになります。このような事態が見込まれたらどうしたら
よいでしょうか？

2　返済額を減らす！

　業績の改善が見込まれれば問題ありませんが，そうでない場合に資金不足分
を新たに借り入れて埋め合わせたにしても，今まで以上に返済に追われるよう
になり，さらに事態が悪化することは目に見えています。その前に金融機関も
返済が厳しい状態で追加の融資を行う判断はしないはずです。

　そこで上記計算式で「①＜②」とするためには，ズバリ「返済する額を減ら
す」ことです。腹を決めて**条件変更**，すなわち**リスケジュール（リスケ）**を金融

機関に依頼するしかありません。返済条件を変更するには毎月の返済額を減額，または元金返済を0とし利息のみ支払う「利払い」という方法があります。資金繰りに奔走している間は，本業が疎かになってしまいます。中途半端に減額して，再度また減額，ということよりは，金融機関からの支援を受けて利払いとし，資金繰り悪化を改善することに全力で集中して**経営改善に専念**するほうが効果的です。

3　リスケの効果は？

　資金繰りが厳しい中，何とか無理して毎月100万円を返済している会社は年間1,200万円返済していることになります。これは原則上記②の計算結果を原資として返済するので，相当の利益を計上しなければなりません。しかし赤字が続いているような場合には，その返済原資がねん出できず，やむなくリスケに至らざるを得ないケースがあります。この会社がリスケで利払いとなると，従来無理して返済していた年1,200万円は返済不要となります。つまりその分が**手元に残る**ことになるので，新たに年1,200万円借りたことと同じ効果をもたらします。

4　全力で経営改善に取り組む！

　金融機関はリスケで金融支援をする際に，リスケすることでどのように経営が改善され，やがて正常化し貸付金が無事回収できる，という内容の**経営改善計画書**を求めます。リスケを申し込むまでは必死だった経営者が，リスケが実行されるとほっと一息つき，資金繰りのドタバタから解放され，おまけに返済がストップしている分，今までと異なり手元資金が増えていくので安心しきってしまい，肝心の経営改善が進まないケースが散見されます。「のど元過ぎれば」ではいけません。すべての返済から逃れたのではなく先送りしただけなのです。やがて始まる返済に向け，気を引き締めて全力で経営改善に取り組みましょう。

コラム 10　経営者からの借入金と相続

　資金繰りが厳しくなると，まず頭に浮かぶのが「経営者からの借入金」。金融機関から借り入れる場合，審査に時間がかかり，利子負担も生じます。そこで経営者自身の意思決定ですぐに実行でき，利子の負担もない「経営者からの借入」に安易に頼るのです。この気軽さから多くの会社では借りても返済することはあまりなく，気がついたら○百万，○千万円とかなりの金額になっていることがよくあります。このまま経営者が亡くなると会社への貸付金はどうなるのでしょうか？

○相続が発生すると？

　会社への貸付金という債権は，相続が発生すると相続財産となり，額面で評価され相続税の対象となります。他に多額の財産があり相続税がかかる場合，税負担も生じるのでこの財産はあまり歓迎されるものではありません。また遺産分割においてもトラブル回避のために後継者が取得せざるを得ないのが一般的です。

○債権放棄すると？

　なかなか回収できない貸付金はお荷物です。そこで経営者がその債権を放棄するとどうなるでしょうか。当該債権が消滅することで，経営者の資産は減少するので課税財産が減り相続税が減額されます。一方，会社は債務が免除されたことで「債務免除益」が計上されます。これは法人税の課税対象となるので要注意です。しかし業績が悪化している法人であればだいたい多額の繰越欠損金があるので，免除益がその範囲なら課税の心配はありません。また会社はこれにより財務体質が改善されることから株式の評価額が高まるので，会社に債権放棄をした者から株主に対してのみなし贈与，となる場合があるので事前に確認しておく必要があります。

○DESとは？

　相続税対策や企業再生の手法として，経営者からの借入金を会社の資本に換える「DES」という方法があります。経営者にとっては貸付金が株式に変わることで財産評価が圧縮され，会社では借入金が資本金に変わるので表面上の自己資本比率が高まる等の効果があります。ただし税務上，増加する資本金等の額は消滅する借入金の時価とされることから，その算定額に問題が生じやすいので税理士等の専門家に相談することをおすすめします。

第 4 章

続ける編

　　資金繰りの改善は一朝一夕にはできません。日々，現場で小さな改善を積み重ね，PDCA サイクルを確実に回し「続ける」ことが大切です。毎期，経営計画や利益計画，資金繰り予定表を作成し続け，実行し，その結果を月次試算表と資金繰り表でチェックし，さらなる改善に取り組みましょう。
　　あきらめずに正しく動き続けることで間違いなく成果は表れます。「継続は力なり」。自分を信じて頑張りましょう！

4-1 P：経営計画をつくろう！

> **Q** 経営計画の策定をすすめられました。ウチみたいな中小企業でも必要なのでしょうか？

A もちろん必要です。どのような会社にしたいか，それに向けて何をするかを計画し実績と対比することで経営課題が見つかり，より目標達成に近づくことができるのです。毎期作成し続けましょう。

解　説

1　経営計画とは？

　企業が経営理念や経営ビジョン，目標を達成するために将来に向けて何をすべきか，をまとめたものが経営計画です。家を建てたい，と思ったらやみくもに資材を発注したりはしませんね。まずどのような家にしたいのか「設計」し完成に向けて何をすべきか「工程管理表」を作成してから着工します。経営も同じです。あなたは**どのような会社にしたいですか？**　それに向けての経営計画は作成していますか？

2　中期経営計画を！

　経営計画には，10年程度の「長期経営計画」，3 ～ 5 年程度の「中期経営計画」，そして 1 年の「短期経営計画」に分けられます。社会経済状況が目まぐるしく変化する昨今，中小企業にとって長期経営計画は経営ビジョンの設定にはよいのですが，あまりにも長い期間なので，まず**中期経営計画**を策定することをおすすめします。3 年程度なら何とか先行きの見通しがつきます。次にこれからの 1 年間の計画分を**短期経営計画**とし予算を作成します。これが**利益計画**となります。

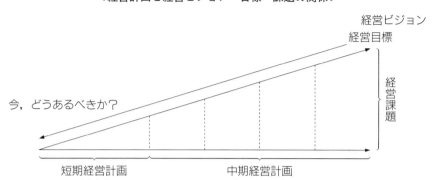

<経営計画と経営ビジョン・目標・課題の関係>

経営ビジョン
経営目標

今，どうあるべきか？

経営課題

短期経営計画
（1年）

中期経営計画
（3〜5年）

3　この先何があるか？

　特に連続赤字，債務超過に陥っている業績不振の会社は1年間ですべてが解決とはいきません。たとえば3年で黒字化，5年で債務超過解消というように目標を決め，5年間の経営改善計画を策定し，それに向けてこの1年間は何をしなければならないか，具体的な行動計画を策定しましょう。

　短期経営計画のみ作成していた小売業者の事例です。徐々に赤字額が減ってもなかなか繰越赤字は埋まらず，経営意欲が下がり廃業を考えるようになっていました。しかし中期経営計画を策定してみると，経営努力を継続すれば3年後には黒字になることが試算できたので，改善計画を金融機関に説明したところ，金融支援の継続が決まりました。「この努力が報われる日がくる，光が見えた」と一転してやる気になった社長は計画を全社員に発表し，全社一丸となってがむしゃらに日々頑張った結果，3年弱で黒字に転換できました。

4　計画の力

　経営計画は「幸せになるために」を大前提に作成します。不幸になるために作成する人はいません。今は厳しくてもやがてよくなることを信じて，具体的に今，何をすべきか，これが明確になると人は強くなり行動し，結果が数字に表れます。よくなる会社とそうでない会社の大きな違いは**「経営計画」**と**「実行力」**です。万が一，経営計画がまだなければ是非，作成してください。**経営意欲**がみなぎってきますよ。

4-2 D：動く社員づくり

> **Q**　計画を策定してもなかなか社員が実行しません。何かよい方法はないでしょうか？

A　計画や目標の内容を社員自身が腹落ちするまでわかりやすく伝え動機づけを行うのと同時に社員満足も高める工夫をしましょう。

解　説

1　社員は末端か第一線か？

　一般的に会社の組織図となるとピラミッド型になります。そうなるとトップが経営者で一番下は社員となります。お客様と日々接し，業務を遂行するのは社員です。この流れからするとお客様はさらに社員の下になってしまいます。何かおかしいですね。お客様のおかげで会社は成り立つので，「お客様は神様です」と歌にあるように一番上に来るのではないでしょうか。そしてその下に第一線で活躍する社員が，それを支える幹部，そして経営者という順番で考えると，図表のように**逆さまのピラミッド**となります。「幸せな人にしか人を幸せにできない」という言葉があるように，自分の満足度が高い社員でなければ顧客を満足させることはできません。顧客満足と同様，社員満足をも高める経営努力が必要です。

＜逆さまの権威のピラミッド＞

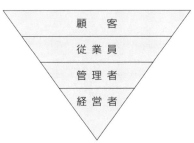

「逆さまのピラミッド」は第一線への支援を意味するものである
出所：カール・アルブレヒト著，鳥居直隆監訳『逆さまのピラミッド』日本能率協会，1990年，166頁，図表7-3

2　目標と動機づけ

　社内を活性化させることも社長の仕事の1つです。そのためになすべきこと
は目標を明確に設定することです。経営理念を具現化するために全社目標を部
門別，そして各人別に細分化し浸透させ動機づける必要があります。目標達成
に向けた一体感があなたの会社にはありますか？　各部門，個々の社員の目標
は明らかになっていますか？

3　自分の目標

　コンビニエンスストアの事例です。経営改善のために売上をあと年1,200万円
増やさなければならない，と社長はパート・アルバイトも含めた会議で売上増
加の目標設定をしました。ぽかんとした表情の参加者は「誰かが頑張って達成
してくれるのだろう」と旧態依然の態度。予想通りその目標は未達でした。そ
こで反省した社長は次のように**目標を細分化**してわかりやすく説明しました。

年間売上1,200万円 → 半年600万円 → 1ヵ月100万円 → 1日33,000円 → 1時間
1,375円 → 30分687円 → 10分229円 → 5分114円 → 1分23円

　これにより10分ごとに売上が230円増えると，また1日来店者数は700人なの
で客単価があと50（＝33,000/700）円増えると年間目標1,200万円が達成できる
ことを丁寧に説明すると同時に，目標達成の際には大入り袋を配ることも告げ
ました。この具体的な説明により理解・納得したパート・アルバイトも含めた
全員の目の色が変わりました。ぼんやりした他人事の目標が，具体的に自分の
目標となった瞬間でした。会議後，挨拶，清掃，陳列，レジ回りの衝動買いお
菓子など多くの改善提案が出され，報告・連絡・相談を密にとり，現場で改善
をすすめました。途中，達成に向けての進捗状況を報告しPDCAサイクルを
しっかり回した結果，目標は予定期日よりも早く達成できました。

4-3 C：現場データでチェックを！

> **Q** 月次試算表で業績を確認し改善項目を検討していますが，現状がわかるまでに時間がかかるような気がします。タイムリーな経営管理をしたいのですが……

Ⓐ 月次試算表は遅行・結果指標なので，タイムリーな経営管理を行うには先行・原因指標である現場データを重視し活用しましょう。

解　説

1　現場データは先行指標

　貸借対照表や損益計算書といった財務情報は，最後の最後にまとめられた数値結果であり過去のもの，つまり遅行・結果指標です。これを分析・評価することで「気づき」が生まれ，次の行動につなげることができますが，気づくまでに時間がかかります。よって次の打ち手までさらに時間がかかり，実行し成果が表れるまでさらに時間がかかってしまいます。業績の変化を早く知り，今後どうなるのか，それに向けてどのような行動をとるか，経営者は日々，意思決定の連続です。そこで遅行・結果指標のみでなく，それを**生み出す原因**となる「先行・原因指標」をタイムリーに得て，素早い行動に移す必要があります。問題解決のヒントは現場にあるのです。現場から先行指標をキャッチしこれに関連づけてこれから起こる将来を予測し，現場データをもとに改善を図りましょう。

2　経営はスピードが命

　先行指標によって遅行指標がこの先どのように変化していくか，を予測し早めに経営の意思決定を行うことが大切です。経営はスピードが大事です。遅行指標ができるまで待っている経営者と遅行指標の変化を占う先行指標をいち早く先取りして経営の意思決定に活かす経営者，自ずと業績に開きが出てくることが容易に想像できますね。

先行指標（原因）→→→→遅行指標（結果）

先行指標には数値に現れる財務情報とそうでない非財務情報があります。現場を一番知る社員を巻き込んで，**定期的にチェックする指標**を明らかにしましょう。

3　資金繰りに影響を及ぼす現場データ

資金繰りに影響を及ぼす遅行指標には，売上，経費，利益，売上債権，棚卸，買入債務があります。あなたの会社には，これらに影響を及ぼす先行指標にはどのようなものがあるでしょうか。以下の現場データを参考に自社に存在し着目すべき現場データを明確にし，日々**現場データの数値改善**に努めましょう。継続は力なりです。

① 「売上高」
　顧客満足度，クレーム件数，商品説明会開催数，来場者増加率，名刺交換数，客数，客単価増加率，リピート率，ホームページアクセス数
② 「売掛債権」
　現金回収率，主要顧客受取サイト増減率，貸倒比率，予定日回収率，督促状送付数
③ 「仕入，経費」
　仕入原価低減率，経費削減提案件数，社員満足度，採用人数，IT 関連費用
④ 「買入債務」
　現金支払い率，主要取引先支払サイト増減率
⑤ 「棚卸，在庫」
　主要商品回転率，デッドストック率，廃棄費用増減・処分率

4-4 C：モニタリング

> **Q**　金融機関からモニタリングの資料を求められました。どのようなことに気を
> つけたらよいでしょうか？

A　まず自社内で経営状況の把握，チェックをすることが大切です。それをタイム
リーに金融機関に報告し続け，金融支援を受けるうえでの関係強化に努めま
しょう。

解　説

1　モニタリングとは？

　モニタリングには元来，監視や観察という意味があります。「誰が会社をモニ
タリングするのか」というと第1に経営者をはじめ会社自身，そして第2に借
入金があれば金融機関となります。特に金融機関からの金融支援を受けて経営
改善計画をすすめている場合には，その計画に対しての**進捗管理**が必要となる
ため，モニタリングが重視されます。

2　自社が行うモニタリング

　自社の経営状態を確認するモニタリングでは，経営計画や利益計画どおり進
んでいるかどうかを確認するために，**実績を予算と比較し進捗管理**を行います。
また自社の過去や同業他社との比較も参考になるでしょう。

　たとえば四半期ごとに「業績検討会」を開催し，定期的に予算との対比によ
り差異を確認している会社があります。差異を解消するためにどうしたらよい
か等，改善内容を検討し実行することで成果を高めています。

3　資金繰りのモニタリング

　会社における資金繰りのモニタリングは非常に重要になります。資金繰りの
実績表・予定表，月次の入金明細一覧表・支払明細一覧表等，**資金繰りに関係
する資料の作成・管理を徹底**しましょう。売上を増加させ経営改善を図ること

は，損益の改善にとって大変重要なことです。しかし忘れてはならないことは，売上が増加するときには運転資金の必要額も同様に増加するということです。まさに「勘定合って銭足らず」の状態になるのです。

　借入金の返済条件を変更し，経営改善に取り組んでいる会社に対して，金融機関は原則として新たな融資を行うことはありません。しかし改善が良好に進んでいる中での増加運転資金であれば，それは収支ズレで生じたもので，回収リスクはないので融資に応じる金融機関があるかもしれません。あきらめず資金繰り表をもとにしっかり説明しましょう。その逆はさらに厳しい状況に追い込まれることになります。早めのモニタリングでチェックすることが重要です。

4　金融機関が行うモニタリング

　金融機関が行うモニタリングにおいては，決算書や月次試算表などの財務数値が中心になりますが，数値に現れない「非財務情報」と「コミュニケーション」も重要になります。「情報の非対称性」の解消のためには多くの情報を提供（シグナリング）して会社のことを深く理解していただくことが大切です。金融機関も貸出先の**期中管理**に注力するので，年に1回の決算書だけでなく，月次試算表等をタイムリーに提供し，積極的にコミュニケーションをとるよう心がけましょう。

　特に事業承継における後継者の個人保証については「経営者保証に関するガイドライン」の特則が2019年12月に創設されています。金融機関は後継者の人柄や経営能力，財産状況等も知りたがっています。事業承継時に先代社長の保証が解除され，後継者に保証が求められないような経営状態になれるよう今から経営の磨き上げに努めましょう。

4-5 Ａ：利益を上げるためには？

> **Q** 経営改善に取り組み利益を上げなければならないことはよくわかりますが，何から手をつけたらよいのかわからず焦っています。

Ａ 焦りは禁物です。売上・変動費・固定費対策を時間と難易度で区分し優先順位をつけ，一つひとつ確実に解決してきましょう。

解 説

1 黒字化の打ち手を整理しよう！

　赤字企業7割の時代です。資金繰りに窮している企業が依然増え続けています。企業が健全な経営を行うためには「黒字化」が必須です。赤字の垂れ流しを続けている会社は，間違いなく倒産に向かっています。しかし，「黒字化に向けて頑張る意欲はありますが，どこから手をつけたらよいのかわからず気持ちばかり焦っています」という経営者が多いようです。場当たり・散漫的な打ち手を講ずるため効果もあまり出ていません。

　そこで，図を参考に打ち手の順番を決めることをおすすめします。

　黒字化，すなわち利益を出すためには次の公式どおり，「売上を上げる」「変動費を下げる」「固定費を削減する」ことです。

<打ち手の整理>

売上・単価【商品・技術力】・自社で決定・差別化・付加価値・請求管理・値引き防止

売上・客数【営業力】・自社で決定不可・顧客満足の向上・リピーターの増加・営業力，営業管理・AMTULの法則

固定費【管理力】・自社で決定・特に人件費・費用対効果・必要なものは買え欲しいものは待て

変動費【原価管理】・特定の相手あり・原価意識・仕入単価の見直し・取引業者の見直し・相見積り

高　短　長〔時間〕　低【難易度】

出所：海江田博士『小さな会社の"マーケティング"活用術』TKC出版，2013年，91頁を参考に著者作成

> **利益 ＝ 売上 － 費用（変動費 ＋ 固定費）**

　これを実行するには，社長の意思決定ですぐに取り組めるものもあれば，取引先や得意先がいることから時間がかかり，すぐに成果が上がらないこともあります。図のように取組みの「難易度」と「時間」で区分し**優先順位**をつけるとよいでしょう。

2　すぐにできることは？

　「**固定費の削減**」は社長がその気になり意思決定すればすぐに実行でき，自社の努力次第で成果が出ます。人件費については社員の給与に手をつける前に経営者責任として役員報酬の見直しを図るべきです。経費の節約意識は大切です。しかしこれを漫然と続けていると働く意欲が減退します。削減額の目標を明示し，期間を決めてメリハリをつけて取り組みましょう。

　「**変動費の引下げ**」は仕入や外注費の単価（変動費率）を下げることです。マンネリ化した業者の検討や相見積りをとるなどして質を変えずに単価を下げることがポイントです。

3　相手がいることは時間がかかる！

　一方，「**売上を上げる**」，特に「お客様を増やす」ことは当然，相手がいるので難しく，時間もかかります。買う・買わないを決めるのはお客様なのです。ここに経営の難しさがあります。よって早くから真摯に取り組まないといけません。売上が減少してからようやく対策を考えるのでは実はもう手遅れです。生産性を高める意味でも組織のスピード感を高めましょう。

　経費削減には限度があるので，最後はやはり「売上」です。倒産要因の第1位は販売不振です。売上高が下がっている，ということはお客様に支持されていない証拠です。改めて**お客様満足**をキーワードに売上高増加に向けた戦略・戦術・行動計画の策定・実行をしっかりと行ってください。

4-6 A：経営改善をし続けよう！

> **Q** 経営課題が見えてきたので「経営改善計画」を策定しようと思います。どのように策定したらよいでしょうか？

Ⓐ 以下のポイントを参考に作成しましょう。1度作成したら終わりではありません。毎期，継続して作成し経営改善を図りましょう。

解　説

　経営改善計画とは，企業が現時点，またはこれから近い将来抱える経営課題，たとえば売上高の減少，連続赤字，債務超過，資金繰りの悪化などを的確に把握し，その改善策を実現するためのアクションプランを織り込んだものをいいます。金融機関に資金繰りの支援，特にリスケ（条件変更）を申し入れる時に必要になります。これに限らず，完璧な会社はないので**自社をよりよくする**ために策定することをおすすめします。次の策定ポイントをしっかり押さえてください。

ポイント❶：社長の意識を変える！

　まず社長は計画の重要性を認識して，意識を変えることが必要です。古きよき時代はもう終わりました。「ドンブリ勘定」や「経験と勘と度胸の経営」からいち早く脱却しなければなりません。痛みを自覚し，危機感を持ち，経営改善計画を自発的に作成するためには，社長自らが改めて決意しなければいけません。そこで社長に**「やる気」**があるのか，が大きなポイントとなります。やる気がなければ絶対に成功しません。周りも応援する気になれません。「何が何でも改善していくんだ」という迫力と具体的な計画があれば，金融機関は改善の方向性がわかるので，支援体制もとりやすくなります。

ポイント❷：現状を知る！

　過去3期分の決算書を分析し，**業績悪化の原因**を見つけ出します。ただ数字

が低い，悪化した，という表面的なことだけでなく，なぜそうなったのか，という当時の経営戦略や判断まで深堀りする必要があります。利益が減少したのであれば売上高が減少したのか，経費が増大したのか。売上高が減少したのであれば，それは客単価・受注単価なのか，それとも客数・受注量の減少なのか。客数が減ったのであれば，既存客のうちどれだけ減ったのか，新規客が伸び悩んでいるのか，というように具体的な現場データをもとに現場レベルに落し込んで検討することが大切です。

ポイント❸：収益・事業・財務の視点から改善する！

　現状をよく理解し，原因がわかったら，それを「収益」「事業」「財務」それぞれの分野に分け，「儲かる仕組みをどうつくるか」，「経営戦略・戦術・行動計画をどう見直すか」，「財務構造をどう改善するか」というように改善を図りましょう。

　特に財務において，決算書の金額は取得価額で記載されていることに注意しなければなりません。金融機関はそれを**時価**で計算し直し，**実態**の金額で評価します。これを「財務デューデリジェンス（資産査定）」といいます。たとえば土地の時価が買った時よりも下がっていれば「含み損」が，上がっていれば「含み益」が生じます。売掛金も不良債権を除外して回収可能額を厳しく査定します。その結果，貸借対照表で自己資本が多額にあるようにみえても，バブルの時に買った土地がある場合，含み損を考慮して再評価した実態貸借対照表を作成すると債務超過に転じる場合もあるので注意しましょう。

ポイント❹：経営環境に適応する！

　会社を取り巻く経営環境は目まぐるしく変化しています。まさに激変です。これだけ周りが変わっているのに今まで通りの経営をただ続けているだけでよいのでしょうか。**「企業は環境適応業である」**と言います。変化に対応できなければ「ゆで蛙」となって市場からの撤退を余儀なくされてしまいます。これはごく当たり前のことです。業界や得意先の変化，同業他社の動き，など経営環境要因の変化が自社にとってチャンスとなるのか，ピンチとなるのか。また自社の商品力や営業力，ヒト，モノ，カネといった経営内部資源のうち「強み」

「自信」となるものは何か，逆に「弱み」「不安」なものは何か，を分析する「SWOT分析」をぜひ行ってください。SWOT分析により経営環境の変化がチャンスと思われるところで自社の強みを活かせる戦略を考えることが大切です。逆に弱みがピンチで露呈される場合には早期の撤退が必要です。

ポイント❺：アクションプランを策定する！

　戦略の遂行や改善項目を実行するにあたって，明確にその担当者を定め，「いつまでに」，「どのようにして」，「どれだけの」改善効果を上げるのかを決める必要があります。2年後には黒字化し，3年後には債務超過から脱却する，そのために初年度は……を行う，というような首尾一貫した，具体的で全社員が理解して行動できるプランを策定します。

ポイント❻：キャッシュフローが改善されているか？

　経営改善を行った結果，「損益」が改善し黒字化しただけで喜んでいてはいけません。あわせて「資金」も改善されているかをチェックする必要があります。特に金融機関側ではキャッシュフローがどう改善するのか，に注目しています。キャッシュフローとは簡単に計算すれば**「税引後利益＋減価償却費」**です。このキャッシュフローが改善しなければ借入金の返済が困難になってきます。リスケをした場合に，経営改善に取り組むことでこのキャッシュフローがどう改善され，いつ正常に返済できるようになるのか，が重要なポイントになってきます。これがまったく改善されないようであれば，返済条件を緩和して支援（リスケ）する理由はありません。これらを検証するために3〜5ヵ年の「目標変動損益計算書」，「目標貸借対照表」，「予測キャッシュフロー計算書」，「アクションプラン」，「借入金返済計画書」を作成し，金融機関等の関係者に**社長自ら説明**することが大切です。社長が主役なのですから。

ポイント❼：PDCAサイクルを徹底的に回す！

　計画を策定したことで安心しきって行動しない，という会社がよくあります。計画は目的ではありません。手段にすぎないのです。動かなければ結果は変わりません。計画し実践する，そしてチェックし改善・対策を打つ。これがPDCA

サイクルです。この経営管理サイクルを徹底的に回せるよう社内の体制を整備する必要があります。改善状況を把握し評価するためには「月次試算表」が必要です。また金融機関も**期中管理**をするためにそれを待ち望んでいます。社内で計数管理ができるよう，迅速な会計処理を行い経営者の戦略的意思決定に役立つ会計情報を提出できる体制をつくる必要があります。今の時代，会計ソフトの導入は当たり前です。

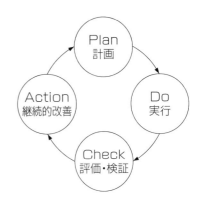

ポイント❽：税理士等の専門家の支援を受ける！

　今まで説明したことを社内メンバーだけで行うことは，なかなか難しいと思います。自社内でそれができるのであればそもそも経営改善計画をつくるレベルに留まっていないでしょう。緊張感を保ち，継続して改善に取り組むためには，気軽に相談でき的確なアドバイスをしてくれる専門家の支援をうけることをおすすめします。

　ところで皆さんはどのような専門家とお付き合いしていますか。経営者にとって一番身近で頼りになる相談相手は何といっても税理士でしょう。税務・会計のプロである税理士の多くは「認定経営革新等支援機関」として中小企業者等に対して財務内容や経営状況等を分析し，事業計画等の策定，実施に係わる指導および助言までも行っています。一人で悩まず，専門家を積極的に活用しましょう。

＜著者紹介＞

増山　英和（ますやま　ひでかず）

税理士・CFP

1988年中央大学大学院経済学研究科博士前期課程修了。現在，増山会計事務所，増山総研，相続・事業承継支援センター代表，NPO法人相続支援協会理事長，茨城県中小企業家同友会代表理事，TKC全国会中小企業支援委員会委員長。常磐大学短期大学部非常勤講師を歴任。

認定経営革新等支援機関として徹底した財務・経営指導やファイナンシャルプランナーとして事業承継・相続対策には定評がある。わかりやすくためになる著書・講演やラジオ番組が好評。

（主要著書）

『中小企業金融における会計の役割』共著，中央経済社，2017年

『中小企業BANTO認定試験公式テキスト』共著，中央経済社，2019年

『実践！経営助言』共著，TKC出版，2012年

『中小企業の事業承継戦略（第3版）』共著，TKC出版，2017年

『新会社法施行！有限会社の対応実務　重要ポイント』共著，中経出版，2006年

『正しい決算書の作り方』共著，中経出版，2007年

『図解　中小企業の新会計ルール』共著，中経出版，2012年

『その時，会社が動いた　経営コーチが語る良い会社悪い会社36の決断』共著，万来舎，2008年

『起業を成功へと導く　経営コーチ（増補改訂新版)』共著，万来舎，2010年

◆事務所紹介

増山会計事務所

株式会社増山総研

株式会社相続・事業承継支援センター

〒310-0851　茨城県水戸市千波町1258番地の2　増山ビル2F

TEL：029-240-3600　　FAX：029-240-3611

メールアドレス：info@ma-g.co.jp

ホームページ：https://www.ma-g.co.jp/

4つのステップで社長の悩み解消！
資金繰りなるほどQ&A

2021年5月10日　第1版第1刷発行

著　者	増　山　英　和	
発行者	山　本　　　継	
発行所	㈱中 央 経 済 社	
発売元	㈱中央経済グループ パ ブ リ ッ シ ン グ	

〒101-0051　東京都千代田区神田神保町1-31-2
電話 03（3293）3371（編集代表）
　　 03（3293）3381（営業代表）
https://www.chuokeizai.co.jp
印刷／昭和情報プロセス㈱
製本／侑 井 上 製 本 所

© 2021
Printed in Japan

地域金融の未来

－金融機関・経営者・認定支援機関による価値共創－

森 俊彦 (著)

<A5判・180頁>

　多くの中小企業は，厳しい状況の中でも，日夜、営業CFを改善させるべく果敢に挑戦し事業リスクをとっています。金融機関が担保・保証をいくらとっても，中小企業の事業リスクを減じることありません。中小企業にしっかりと寄り添う伴走支援型融資により営業CFの持続的な改善に貢献すれば「共通価値の創造」ができるのです。

　本書は，中小企業経営者・認定支援機関と金融機関が平時からの信頼関係を構築し，「共通価値の創造」である地域経済、ひいては日本経済の持続的成長に結実させるため，今何をすべきかを解説しています。

◆Contents

中央経済社

オススメします

中小企業金融における
会計の役割

坂本孝司・加藤恵一郎 (編著)

＜A5判・336頁＞

　「融資（貸出）」「決算書の信頼性」「経営改善」の3つの視点から中小企業と金融機関の架け橋となる会計の機能を体系的に解明するとともに，地域金融機関・中小企業・職業会計人（税理士・会計士等）の役割期待も提示。中小企業会計学会・課題研究委員会の成果をブラッシュアップして書籍化。

◆Contents

序　章　中小企業金融における会計の役割

第Ⅰ部　中小企業金融における会計の位置づけ

第1章　会計情報の役割／第2章　金融政策における会計の位置づけ

第Ⅱ部　中小企業金融における融資（貸出）

第3章　金融検査マニュアルと金融機関の自己査定／第4章　金融機関の貸出審査／第5章　経営者保証に関するガイドライン／第6章　事業性評価

第Ⅲ部　中小企業金融における決算書の信頼性

第7章　中小企業会計基準／第8章　会計システム／第9章　税理士の役割／第10章　決算書の信頼性

第Ⅳ部　中小企業金融における経営改善

第11章　経営改善計画／第12章　モニタリング

資料：中小企業の決算書・税務申告書のサンプル

中央経済社

中小企業 BANTO 認定試験 公式テキスト

公益社団法人 全国経理教育協会 (編)

<A5判・252頁>

本認定試験の目的は，中小企業の厳しい経済環境を踏まえ，会計・財務の知識を軸として，ビジネスに必要な法律・コミュニケーション等の知識を幅広く備え，中小企業の健全な成長に貢献できる専門人材を養成することです。「BANTO」は Business Accounting aNd Total Officer の略称であり，まさに，中小企業の「番頭さん」といえる人材の養成を目指しています。

本認定試験の出題範囲は，「分析及び評価」「会計及び財務」「税法」「経営法務」「ビジネスコミュニケーション」の5科目であり，これにより，ビジネスの合理的な分析力や判断力，適切な資金繰り，コンプライアンスの遵守，ビジネスマナーや社会常識など，多岐にわたるビジネスの知識やスキルを評価します。

本認定試験を通して，皆様が中小企業のビジネスや会計に関する正しい知識・スキルと分析力・判断力を身につけていただくことを期待しています。

≪受験をオススメします！≫
● 中小企業の現役経営者，次世代の後継者等，中小企業の経営幹部
● 経営管理の知識を習得しようとするビジネスパーソン
● 企業のサポートを行う金融機関勤務者
● 中小企業で実践されている経営や会計の基礎を学ぼうとする学生
● 日本でマネジメントスキルを学ぼうとする留学生

中央経済社